文明礼仪

中职版 | 周 茜 编著

山东城市出版传媒集团·济南出版社

图书在版编目（CIP）数据

文明礼仪：中职版／周茜编著. —济南：济南出版社，2018.7
（2022.7 重印）
　ISBN 978 - 7 - 5488 - 3261 - 4

　Ⅰ.①文⋯　Ⅱ.①周⋯　Ⅲ.①礼仪—中等专业学校—
教材　Ⅳ.①K891.26

　　中国版本图书馆 CIP 数据核字（2018）第 126660 号

出 版 人　崔　　刚
责任编辑　贾英敏　　刘召燕
装帧设计　胡大伟
出版发行　济南出版社
地　　址　济南市二环南路 1 号（250002）
编辑热线　0531 - 86100291
发行热线　0531 - 86131728　86922073　86131701
印　　刷　济南龙玺印刷有限公司
版　　次　2018 年 10 月第 1 版
印　　次　2022 年 7 月第 3 次印刷
成品尺寸　185mm×260mm　16 开
印　　张　12.5
字　　数　237 千
定　　价　46.00 元

前　言

中国素有"礼仪之邦"的美誉，讲"礼"重"仪"是中华民族世代相承的传统。孔子曰："不学礼，无以立。"管子曰："仓廪实而知礼节，衣食足而知荣辱。"荀子曰："人无礼则不生，事无礼则不成，国无礼则不宁。"都在强调礼仪对个体人生、对社会文明不可或缺的重要作用。

随着人类社会的不断进步，礼仪的表现形式也在不断发生变化，但是在人类长期发展中形成的约定俗成的礼仪规范，始终是人际交往所需遵循的重要行为准则。

我国的礼仪文化源远流长，并有完备的礼仪体系。如今，随着我国经济的发展，对内、对外交往日益频繁，礼仪更成为人们社会生活中的重要内容。对每个社会成员来说，礼仪修养不仅是现代人必备的基本素质，也是助力社会交往、公务活动和事业成功的重要条件。

英国哲学家约翰·洛克也曾说过："礼仪是儿童与青年所应该特别小心地养成习惯的第一件大事。"对青少年来说，学习礼仪，做到知礼守礼，对成长大有裨益。

作为礼仪知识的专用教材，本书涵盖了古今中外礼仪的各方面内容，多角度、全方位地阐述了有关礼仪的理论知识和实践应用。本书侧重讨论了中职生在礼仪上应注意的各项问题。同时，本书根据中职学生的特点，汇集了名言名句、礼仪故事、图片等，每个章节均设计了案例分析、多棱镜、读图题、实践应用等，使得本书更具有趣味性、实用性和可读性。

希望本书能成为青年朋友走向文明礼仪之路的好帮手，更希望大家都能够成为懂礼、守礼、尊礼、重礼之人。

在编写过程中，王德威、张昊、葛选敏、宋小龙、祖胜艳同学为本书相应礼仪内容做了标准示范，并以图片形式丰富了本书内容，在此一并表示感谢。

由于时间仓促，加之笔者水平有限，书中难免有疏漏及不妥之处，望广大读者能够多提宝贵意见，并欢迎各位教师在使用教材的过程中给予批评、指正。

周 茜

2018 年 5 月

目　录

第一单元 礼仪概述

我国的礼仪文化源远流长，并形成了完备的礼仪体系。在中华文明史掀开第一页的时候，礼仪就伴随着人类活动和原始宗教产生了。

在人类长期发展中所形成的约定俗成的礼仪规范，始终是人际交往的重要行为准则。因此，学习礼仪、遵守礼仪、弘扬礼仪文化，成为人们立足社会、成就事业的基础。

【学习目标】

1. 了解礼仪的起源与演变。
2. 明确礼仪的本质、功能、特点和原则。

　　人类自诞生起，便开始了对文明的追求。礼仪是一个国家和民族进步、开化与兴旺的标志。中国是东方文明古国，素有"礼仪之邦"的美誉，数千年对文明的不懈追求，形成了丰富多彩的东方礼仪文化。中国古代的"礼"，涉及范围广泛，典章制度、朝政法规、生活方式、伦理风范等，几乎无所不包。让我们一起去领略中华民族的礼仪发展史吧。

上网搜索中国古代文明礼仪小故事，如《孔融让梨》《司马光砸缸》等，课上和同学分享。

一、中华礼仪的起源与演变

（一）礼仪的萌芽期

在原始社会，人类无法解释变幻莫测的大自然，认为神灵、祖先是主宰一切的力量。他们用当时最精致的食具作为礼器，祈求神灵、祖先的保佑，这种祭祀活动便是礼仪的萌芽。因此，便有了"礼立于敬而源于祭"的说法。

在日常生活中，人们用击掌、拥抱、拍手等来表达捕获猎物的喜悦。人们之间这种相互的呼应、模仿，逐步形成一种习俗，这便是最初待人接物的礼节。随着社会的发展，发号施令的领导者和听从指挥的被领导者产生，就出现了尊卑有序、男女有别的现象。每当大家聚在一起席地而坐时，就有了一定的座次：首领坐在哪里，其他人坐在哪里；男人坐在哪里，女人坐在哪里等。这些都不断地为礼仪增添新的内容。

（二）礼仪的发展期

商朝时的甲骨文出现了"礼"字。西周时期，我国历史上第一部记载"礼"的书籍《周礼》诞生，随后出现的《仪礼》《礼记》标志着我国古代礼仪进入飞速发展时期。《周礼》偏重政治制度，《仪礼》偏重礼仪规范，《礼记》偏重对礼的各个分支做出理论说明。当时的国学以"六艺"为基本教学内容。"六艺"指礼（礼节仪式）、乐（音乐舞蹈）、射（箭术）、御（驾车）、书（写作）、数（算法），其中礼仪教育位列首位。

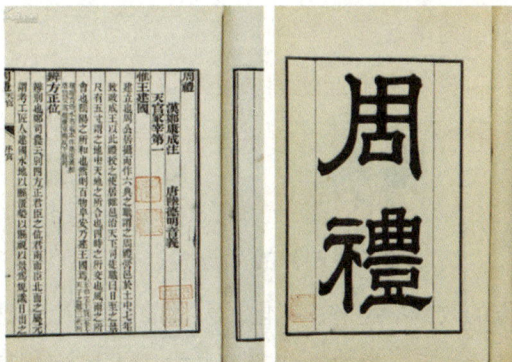

（三）礼仪的成熟期

到了春秋战国时期，诸侯纷争、"礼乐崩坏"，奴隶社会向封建社会过渡。以孔子、孟子、荀子为代表的儒家，系统地阐述了礼仪的起源、本质和功能，儒家文化逐渐成为我国封建社会的主流和正统，影响我国达几千年之久。孔子是儒家学派的创始人，主张恢复周礼，"克己复礼为仁"，把礼看作是治国安邦的策略。他认为，"不学礼，无以立"，并且告诫人们"非礼勿视，非礼勿听，非礼勿言，非礼勿动"，要求人们用道德规范约束自己的行为。除儒家外，当时还有其他一些流派，比如道家崇尚自然无为，主张废除一切礼仪；法家推崇强权政治，主张以法代礼；墨家主张平等、博爱、利他，以义代礼。各家的主张相互吸收、融合，到汉、唐、宋三朝，逐步形成了我国封建社会一整套的等级秩序和礼仪规范。

先师孔子行教像

阅读材料

文质彬彬，然后君子

儒家把周以前称为"质"的时代。在"质"的时代，人们只考虑自我的感受，比如天热就打赤膊，吃饭狼吞虎咽，等等。这些举止不加修饰、质朴率真，但是层次很低。从西周开始，进入"文"的时代，人们衣冠整洁，吃东西不发出声响，坐姿端正，一切都讲究起来，逐渐形成了制度。要求人们做事要顾及他人感受，尊重他人。这是文明区别于野蛮的重要标志。孔子说："质胜文则野，文胜质则史。文质彬彬，然后君子。"意思是说：如果质朴胜过文雅，就会显得粗野，文雅胜过质朴，就会显得虚浮不实。只有内外兼修，处理好内心世界与外在表现的关系，文雅和质朴结合，才是君子应有的风范。

感悟：低层次的质朴与率真不是文明时代礼的表现。在文明时代，良好的行为举止能表现出人的修养，进而展现出一个国家的文化水平。

（四）礼仪的变革期

清朝末年，鸦片战争爆发，外国列强打开了中国封闭的大门。中国人开始了解西方的政治、经济、文化，大批的爱国人士把西方的文化、科技、礼仪介绍进来。辛亥革命之后，封建王朝覆灭，中国人民为摆脱封建礼教的束缚，不断进行变革。科学、民主、自由、平等、博爱的观念逐渐深入人心，现代礼仪登上历史舞台。

（五）现代礼仪的形成期

现代礼仪发展经历了三个阶段：

一是革新阶段（1949～1966年）。落后的传统礼仪被淘汰，比如"神权天命""愚忠愚孝""三从四德"等封建礼教；优秀的传统礼仪保存下来，并得以发扬光大，比如精忠报国、尊老爱幼、讲究信义等。新型的人际关系确立起来，人与人之间讲究平等，是同志式的合作互助关系。

二是退化阶段（1966～1976年）。"文化大革命"时期，传统礼仪和现代礼仪受到严重摧残，社会上出现不遵守基本礼仪规范，不敬父母、师长，毫无秩序的现象。

三是复兴阶段（1978年至今）。党的十一届三中全会以来，改革开放的春风吹遍了祖国大地，礼仪建设进入全新的复兴阶段，各行各业的礼仪规范纷纷出台，礼仪教育、岗位培训如火如荼。随着对外开放的扩大和深入，我国现代礼仪增添了新的内容，学礼仪、懂礼仪、用礼仪蔚然成风。

孔子说："少成若天性，习惯成自然。"意思是说：小的时候养成的习惯，就像人的天性一样自然。文明礼仪也只有从小培养，持续强化，才能习惯成自然。当今社会，文明程度不断提高，礼仪已成为人们普遍关注的问题。

相关链接

西方礼仪的起源与发展概况

1. 古希腊、古罗马时期的礼仪

古希腊是西方文明的发源地。在古希腊，人们不仅要遵从法律，也要讲究礼仪。特别对贵族来说，有无礼仪修养绝不是一件小事。早在荷马时代，贵族们就把"作战英勇、能言善辩、谦恭有礼、高度负责，甚至对战败者的宽宏大量和对自己高度的责任感"（卡扎米亚斯、马西亚拉斯著《教育的传统与变革》）看作是贵族不可缺少的高贵品质。贵族"不许说谎，必须恪守信用，不准损人利己；在买卖交易中，宁可自己吃亏，不能诈骗他人的一分一厘"（伊迪丝·汉密尔顿著《希腊方式——通向西方的文明源流》）。古希腊这些礼仪形式为西方文明奠定了基础。

古罗马在继承古希腊文化遗产的基础上，创造和发展了自己的文明样式。古罗马教育理论家昆体良在《雄辩术原理》一书中写到：一个人的道德、礼仪应该从幼儿期开始；在孩子幼儿时期要选择品质优秀、言行合礼的人来充当保姆，因为此时保姆跟幼儿接触得最多，对幼儿的影响最大；到了一定的年龄后就应该送到学校学习，以提高他们交际的能力。

2. 中世纪时期的礼仪

在12～17世纪的欧洲社会，封建社会的贵族遵循着严格而烦琐的贵族礼仪和宫廷礼仪。他们必须接受一种所谓的"骑士教育"，内容包括打猎、角力、骑马、跳舞、唱歌、一般礼仪、宫廷礼仪以及少量的文学知识。这种"骑士教育"强调培养骑士对贵族妇女的特殊感情，养成一种为她们献身的精神，由此而产生出一种所谓的"骑士风度"，即在交际生活中给予贵妇人种种礼遇，如出入请她们先走，在她们面前鞠躬、吻手，聚会时请她们入上座等。这种对贵妇人的礼仪，后来随着文艺复兴、宗教改革和启蒙运动的到来，范围逐步扩大，最后发展成西方社会普遍遵从的"女士优先"的礼仪原则。但在中世纪，平民劳动妇女并不享有跟贵族妇女同等的待遇。

3. 近现代时期的礼仪

随着文艺复兴的到来，资本主义得以确立和发展，带有封建等级色彩的礼仪退出历史舞台，资产阶级在改造封建礼仪的基础上建立起了一整套反映资产阶级利益和思想原则的礼仪规范。

二、礼仪的基本概念

如果要对礼仪进行深入的探讨，首先要对其基本概念予以界定。

（一）礼仪的概念

礼仪是指在人际交往中用一套约定俗成的程序、方式来表现的律己、敬人的完整行为。礼仪包括礼貌、礼节、仪表、仪式。

礼貌，是指在人际交往中通过言语、动作向交往对象表示谦虚和恭敬，侧重于表现人的品质与素养。

礼节，是指人们在交际场合相互尊重、表达友好的惯用形式。它实际上是礼貌的具体表现方式。它与礼貌之间的相互关系是：没有礼节，就无所谓礼貌；有了礼貌，就必然要有具体的礼节。

名人名言

礼节是所有规范中最微小却最稳定的规范。

——拉罗什福科《道德箴言录》

仪表，指人的外表，包括容貌、服饰、举止、风度等。仪式，指典礼的秩序形式。如升旗仪式。

礼貌是礼仪的基础，礼节是礼仪的基本组成部分，礼仪是由一系列具体的、表现礼貌的礼节所构成。三者不可简单地混为一谈，它们之间既有区别，又有联系。从本质上讲，三者所表现的都是对人的尊敬和友善。

（二）礼仪的功能

其一，有助于提高人们的自身修养。在人际交往中，礼仪是衡量一个人文明程度的标尺。它反映着一个人的气质风度、阅历见识、道德情操、精神风貌。学礼仪、讲礼仪、用礼仪，有助于提高个人修养，提升当代人的文明程度。

其二，有助于人们美化自身、美化生活。个人形象，是一个人仪容、仪表、姿态、风度、谈吐、教养的集合，而礼仪在上述诸多方面都有详尽的规范。因此，学礼仪，讲礼仪、用礼仪，有益于人们更好地设计、维护个人形象，更充分地展示个人的良好教养与优雅风度。

其三，有助于促进人们的社会交往，改善人们的人际关系。运用礼仪除了可以使个人在交际活动中充满自信、胸有成竹、处变不惊之外，其最大的好处在于能够帮助人们规范交际行为，更好地向交往对象表达尊重、敬佩、友好与善意，增进了解与信任，进而有助于造就完美、和谐的人际关系。

其四，有助于净化社会风气，推进社会主义精神文明建设。当前，我国正在大力推进社会主义精神文明建设，其中的一项重要内容，就是要求全体社会成员讲文明、讲礼貌。因此，提倡礼仪的学习、运用，也能推进社会主义精神文明建设。

（三）礼仪的特点

礼仪具有规范性、限定性、可操作性、传承性、变动性五个方面的特点。

1. 规范性

礼仪是人们待人接物时必须遵守的行为规范。这种规范约束着人们的言谈举止，因此规范性是礼仪的一个极为重要的特点。

2. 普及性

在现实生活中，每个人都需要参加交际活动，每个人都希望自己的交际活动取得成功，而礼仪是将交际活动导向成功的学问。所以，礼仪是人人必修的普及性学科。

3. 可操作性

礼仪是应用性学科。既有礼仪原则、礼仪规范，又有具体可行的操作细节、动作要领，是礼仪的要旨，如仪态礼仪、社交礼仪等。

4. 传承性

任何国家的礼仪都具有本民族鲜明的特色，任何国家的当代礼仪都是在继承本国古代礼仪的基础上发展起来的。对于礼仪遗产，正确的态度是取其精华，去其糟粕。

5. 变动性

礼仪是社会历史发展的产物，具有鲜明的时代特色。随着社会的发展、历史的进步，礼仪也在不断变化，以适应新形势、新要求。

（四）礼仪的原则

礼是发于人性之自然、合于人生之需要的行为规范，它具有以下原则。

1. 敬人原则

"敬人者，人恒敬之"，敬人是礼仪的一个基本原则。它要求人们在交际活动中互相尊敬，友好相待，这是礼仪的重点。可以说，掌握了敬人的原则就等于掌握了礼仪的灵魂。人们在社会交往中，要常存敬人之心，不可失敬于人，不可伤害他人的尊严，更不能侮辱他人的人格。

2. 宽容原则

运用礼仪时，既要严于律己，又要宽以待人。与人交往时，要多理解、多宽容，经常换位思考。

3. 自律原则

自律是礼仪的基础和出发点。学习、应用礼仪，最重要的就是要自我要求、自我约束、自我对照、自我反省，也就是要按照礼仪规范严格要求自己，知道自己该做什么、不该做什么。

4. 平等原则

平等是礼仪的核心，与人交往，应平等相待。对任何交往对象都必须一视同仁，以礼相待。与人交往时不应该因为年长、地位高而骄傲自负，也不应该因为年轻、地位低而自卑、自惭。

5. 适度原则

应用礼仪时要注意把握分寸、认真得体，既不可态度冷漠，又不可热情过度。

6. 真诚原则

在人际交往中，要以诚相待。只有真诚，行为举止才能自然得体。口是心非、言行不一，弄虚作假、投机取巧，都是违背礼仪原则的。

7. 从俗原则

在不同的国情、文化背景下，往往"十里不同风，百里不同俗"。要坚持"入国问禁""入乡随俗""入门问讳"，遵守当地礼仪规范。

学以致用

【知识巩固】

1. 礼仪的起源和发展史。
2. 礼仪的本质、功能、特点、原则。

【修养测试】

不穿睡衣出行　　不讲粗话脏话　　不破坏绿化　　不乱扔垃圾　　不随地吐痰

你的礼仪修养水平如何？做一个简单的自我测验吧。你只要用"是"或"不是"来回答就可以了。

1. 你对待任何人是不是都跟对待朋友那样很有礼貌呢？

2. 你是不是很容易生气？

3. 如果有人赞美你，你是不是会向他说"谢谢"呢？

4. 有人尴尬不堪时，你是不是觉得很有趣？

5. 你是否对任何人都很容易展露笑容？

6. 你是不是会关心别人的幸福和舒适？

7. 在你的谈话中，你是不是时常提到自己？

8. 你是不是认为礼貌对一个男子汉无足轻重？

9. 跟别人谈话时，你是不是一直很注意对方？

答案分析

1. 是。一个富有修养的人，不论是对什么样身份的人，始终都彬彬有礼。

2. 不是。动不动就生气的人修养不会很好。

3. 是。善于接受他人赞美是一种做人的艺术。

4. 不是。幸灾乐祸会表明你的修养较差。

5. 是。微笑始终是自己或他人通往快乐的通行证。

6. 是。关心体贴别人是一个人成熟和有魅力的先决条件。

7. 不是。经常大谈自己的人很少会受到别人的欢迎。

8. 不是。良好的风度和礼貌，是一个人必须具备的修养。

9. 是。尊重别人的意见才能使别人尊重你。

【心灵歌会】

搜索并学唱歌曲《文明歌》《感恩的心》《我们是相亲相爱的一家人》。

第二单元　个人礼仪

"修身，齐家，治国，平天下"，修身在首位。一个仪表整洁、举止端庄、温文尔雅的人，往往是一个受人尊重和敬仰的人。

【学习目标】

1. 明确仪容礼仪规范，学会修饰自己。
2. 掌握着装礼仪规范，塑造个人良好形象。
3. 熟练运用仪态礼仪，提升个人魅力。
4. 培养正确的审美观，提高审美能力。

心理学研究发现，初次会面，45 秒钟就能产生第一印象，主要包括容貌、衣着、姿势和面部表情等。第一印象会在后续交往中占据主导地位，这便是"首因效应"。人们都愿意与衣着整齐、落落大方的人交往。

不仅如此，个人行为也能直接影响一个群体、社会组织乃至整个社会的生存与发展。从此意义看，我们强调个人礼仪，规范个人行为，不仅是为了提高自身的内在涵养，更重要的是为了促进社会发展的有序与文明。

个人礼仪是社会个体的生活行为规范与为人处世的准则，是个人仪容仪表、言谈举止、待人接物等方面的个体规范，是个人道德品质、文化素养、教养良知等精神内涵的外在表现。其核心是尊重他人、与人友善、表里如一、内外一致。

阅读材料

相信以貌取人

1995 年的冬天，杨澜在英国多次面试找工作，均告失败。面试官认为她的形象和简历不相符，因为穿着问题她被鄙视了。

她的房东莎琳娜太太是一个很苛刻的中年女人。她规定：必须在 10 分钟之内从浴室出来，不穿戴整齐不准进入客厅，有客人来访的时候必须涂口红。

有一天，杨澜洗完头发，坐在床上一边翻看报纸的招聘信息一边吃面包卷。这违反了莎琳娜的原则。她冲上前，一把夺下面包和报纸，大吼：你这个毫无素质的中国女孩儿！你滚出我的客厅。于是杨澜披散着头发，在睡衣外裹上大衣冲出了门。

她又冷又饿，就冲进一家咖啡馆。侍者以一种奇怪的眼神看了看她，把她引到一个空座边。她的对面是一个英国老太太，就像伊丽莎白女王一样尊贵与精致，裙子下穿着丝袜和漂亮高跟鞋，非常迷人，杨澜不由得收了收穿着睡裙的腿。在欧洲的很多高级餐厅里，衣衫不整被拒绝进入。她不由得暂时收起自己的愤怒，说：给我一杯热咖啡，谢谢。

侍者走开后，老太太从旁边拿了一张便笺写了一行英文递给她：洗手间在你的左后方拐弯处。她的尴尬难以言明，第一次觉得不被尊重是应该的。

在洗手间的镜子里，她看到自己的头发被风吹得非常凌乱，鼻子旁边甚至还沾了一点面包屑！大衣质地非常好，但睡裤被它衬得很老旧。她第一次有点看不起自己，觉得这样的打扮，既不尊重自己，也不尊重别人。她认识到下午去面试时自己的日常便装，是对高级经理职位的不尊重。

当她回到座位的时候，老太太已经离开了，另一句漂亮的手写英文留在便笺上：作为女人，你必须精致，这是女人的尊严。

她最后一次面试，是一家大牌化妆品公司的市场推广。她得体的着装打扮为她的表现加了分，那个精致干练的女上司对她说：你非常优秀，欢迎你的加入。

（本文选编自《思维与智慧》2014 年第 16 期）

思考：

1. 读了这篇文章你有何感想？
2. 画出文中涉及仪容仪表的句子。

第一节　仪容礼仪

在个人的仪表问题中，仪容是重中之重。在人际交往中，仪容会引起交往对象的特别关注，也会影响到交往对象对自己的整体评价。实现仪容美，需要符合以下三方面的要求：

仪容自然美，指仪容的先天条件好，天生丽质。

仪容修饰美，指依照规范与个人条件，对仪容进行必要的修饰，扬长避短，塑造出更加美好的个人形象。

仪容内在美，指通过努力学习，不断提高个人的文化素养和道德水准，培养高雅的气质，使自己秀外慧中、表里如一。

真正意义上的仪容美，应当是三者的高度统一。

名人名言

人的一切都应该是美的，面貌、衣裳、心灵、思想。

——契诃夫

仪容修饰通常需要注意以下五个方面：头发、面容、颈部、手和配饰。

一、头发

仪容修饰应当"从头做起"，做好头发的日常护理工作。

1. 确保清洁

头发要勤梳洗，定期修剪，保持清洁有型、无头皮屑。

2. 发长合适

从社交礼仪和审美的角度看，头发的长度应与性别、身高、年龄、职业相适应。

男女有别。女士可以留中长发，也可以剪成短发；男士宜理短发，不宜长发披肩、梳辫髻。

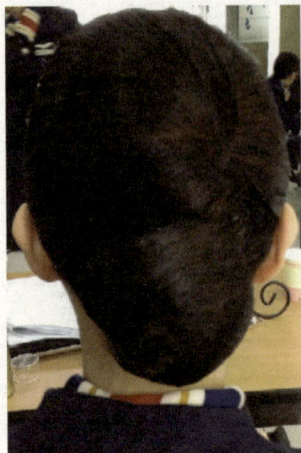

长幼有分。头发的长度亦受年龄影响。飘逸的披肩发适合年轻女性，偏短的发型更适合成熟女性。

职业要求。很多职业对头发的长度有明确限制：女士头发不宜长过肩部，必要时要盘发、束发；男士不宜留鬓角、发帘，发长不宜超过 7 厘米，即不触及衬衫领口。

身高限制。对女士而言，头发的长度应与身高成正比。矮个女士若长发及腰，会显得更矮，而短发会显得干练、精神，并有增高的效果。高个女士留长发则窈窕美丽，尽显淑女气质。

3. 发型得体

发型，即头发的整体造型。选择发型，除个人偏好，还要考虑自身条件和所处场合。个人条件包括发质、脸形、身高、身材、年龄、着装、佩饰、性格等，其中发型与脸形关系密切，举例如下：

①圆形脸，头发宜侧分，长过下巴，可以拉长脸形，最为理想。（图1）

②长形脸，重在抑长，保留发帘，增加两侧发量和层次。（图2）

③方形脸，侧重于以圆破方，采用不对称发缝和翻翘发帘，增加变化。（图3）

总之，发型应扬长避短，体现风韵与生机。

图1　　　　　　　　　图2　　　　　　　　　图3

另外，职业、身份、工作环境不同，发型也应有所不同。在工作场合，发型应当传统、庄重、保守一些；在社交场合，发型可以个性、时尚、艺术一些。

4. 美发须知

美发的基本要求是美观、大方、自然，不宜雕琢痕迹过重。可根据自身需求适当进行烫发、染发或戴假发。

二、面容

仪容在很大程度上指的就是面容，面容端正是良好形象的第一步。

（一）清洁

清洁面容要具体做到以下几点：

（1）眼、眉。及时清除眼部分泌物。如果患有眼部传染病，要及时医治，自觉回避社交活动。如果感到眉形不雅观，可以进行必要的修饰。如戴眼镜，还应及时擦拭或清洗。

（2）耳朵。在洗澡、洗头、洗脸时，不要忘记洗耳朵。必要时，还须清除耳孔中的分泌物，修剪耳毛。

（3）鼻子。应注意保持鼻腔清洁，不要在公共场合吸鼻子、擤鼻涕，更不要在他人面前挖鼻孔，还应及时修剪鼻毛。

（4）嘴巴。牙齿洁白、口腔无异味，是仪容卫生的基本要求。另外，在重要应酬前，忌食葱、蒜、韭菜、腐乳之类气味刺鼻的东西。

咳嗽、清嗓、哈欠、喷嚏、吐痰等不雅之声尽量不要在社交场合发出。若他人不慎发出异响，最明智的做法是视而不见、听而不闻。若自己不慎发出异响，要及时道歉。

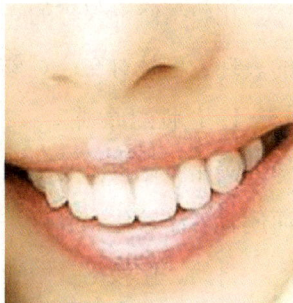

补充材料

中职生的仪容仪表要求

男生不宜留长发或剃光头，应保持前不扫眉、旁不遮耳、后不过颈。女生不浓妆艳抹；不留长指甲，不彩绘指甲；发型简单、大方，前额刘海不过眉，不宜染发、烫发。

穿戴整洁，朴素大方，不穿奇装异服，按学校规定穿校服，不盲目追求名贵服饰。

不宜佩戴耳环、项链、戒指、手镯、手链等饰物。

不得穿拖鞋、吊带背心、短裤等进入校园。

冬季在教室内上课时，不应戴帽子、围巾、口罩、手套等。

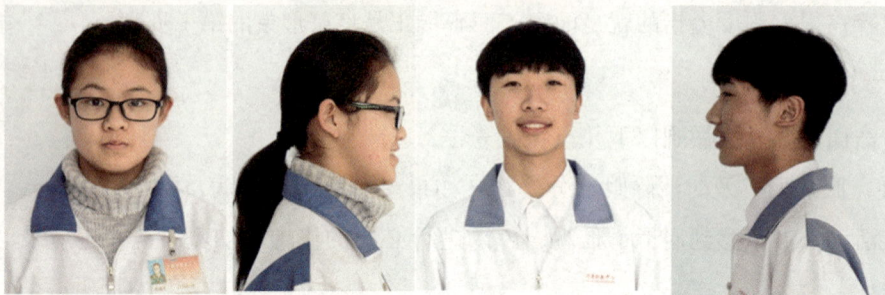

（二）化妆

化妆是修饰仪容的一种方法。在人际交往中，适当的化妆是必要的。这既是自尊的表现，也是对交往对象的尊重。一般情况下，女士对化妆更加重视。

1. 化妆的原则

美化。化妆时要注意修饰得法、适度矫正，不要自行其是、任意发挥、寻求新奇而使妆容怪异化、丑化。

自然。化妆尽量做到真实、自然。

协调。高水平的化妆，强调的是整体效果，使妆面与服饰、身份、场合协调。

2. 化妆的禁忌

不当众化妆，应事先或在专用的化妆间进行。不要将妆化得过浓、过重，避免香气四溢、令人窒息；若妆面出现残缺，应及时避人补妆；尽量避免借用他人化妆品。

3. 化工作妆的技巧

对现代女性来说，掌握一些基本的化妆术，可以提高女性魅力，为女性的生活和工作增添光彩。

（1）清洁面部。以洗净脸上的污物、清洁皮肤为目的。

（2）上化妆水。以洁肤、润肤、紧肤和调理肌肤为目的。

（3）擦润肤霜。既滋润皮肤，又可隔离有色化妆品。

（4）施粉底。使皮肤显得自然而有光泽、细腻而有质感。干燥的皮肤宜选择液体粉底，干燥且皮肤黯淡的可选择霜状粉底，中性或油性皮肤宜用特质粉底。搽粉底时，要注意脸上的"T"形部位，以防脱妆。眼睑部位宜用冷霜涂抹，既可保护眼部皮肤，又可防止脱妆。

（5）扑脸粉。用以定妆，防止脱妆，并可抑制过度的油光。香粉要根据自己的肤色进行选择，白的皮肤可选择浅色粉饼，皮肤黝黑的可选择小麦色粉饼。

（6）上腮红。腮红可使脸部显得健康而有血色，脸形不够理想的也可以用腮红来调整。涂腮红时，应用粉刷取适合的腮红沿颧骨向鬓边轻刷成狭长的一条。脸形不够理想的，在刷好腮红后，还应用较深腮影遮盖缺陷。如两腮较大，可用深色腮影刷出满意的脸形，并将突出的两腮用腮影遮盖；颧骨较高者，可在颧骨四周涂深色腮影，腮边及两鬓则可涂上浅色腮影。

（7）眼部化妆。眼部化妆包括画眼线和涂眼影两部分。在日常生活中，可只画眼线。眼线可使眼睛看上去大而有神。眼线的基本画法是：沿眼睛轮廓上眼线全画实，下眼线则从距眼端 1/3 处画至眼尾，不要把眼睛的四周涂成黑黑的一圈。

（8）画眉。首先要确定好眉形，用眉笔轻轻勾勒出眉形的大致形状，眉尾部位掌握好三点一线，即眉尾、眼角、鼻角在一条线上，眉尾可略高于眉头。其次要选择与眉笔颜色相近的眉粉填充眉毛的前半段部位，注意眉头颜色相对浅一些，这样会更加自然。最后用棕色的眉粉填充眉毛的后半部位，眉毛的整个形状和颜色基本完成后，再对不对称的部位加以修改更正。

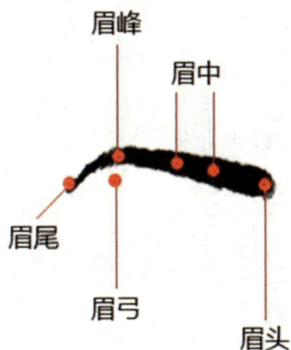

（9）勾鼻侧影。其作用在于修正鼻形，使鼻梁挺拔。可用眉粉画出鼻影，从眉头部位下画至鼻翼之上即可，这样可以打造出更立体的鼻梁效果。

（10）描唇。若对唇形不满意，可以先用唇线笔画出形状，再涂口红加以修正。为使口红不易脱落，可先涂一层口红，用面巾沾去浮色，再涂一层无色上光唇油。

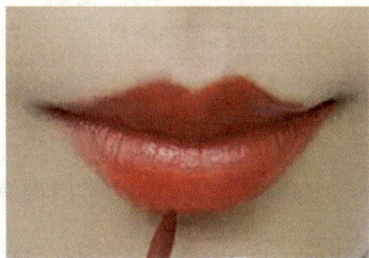

一般来说，以上化妆过程需要 5～10 分钟。此外，还有社交妆、生活妆、旅游妆、舞会妆等，在此不再赘述。

练一练

利用老师讲授的技法，练习化妆。可以给自己化妆，也可以为他人化妆。

阅读材料

李楠，某高校文秘专业学生，毕业后就职于一家公司做文员。为适应工作需要，上班时，她化起了整洁、漂亮、端庄的"白领丽人妆"：不脱色粉底液，修饰自然、稍带棱角的眉毛，与服装色系搭配的灰度高、偏浅色的眼影，紧贴上睫毛根部描画的灰棕色眼线，黑色自然睫毛，再加上自然的唇型和略显浓艳的唇色。整个妆容清爽自然，尽显自信、成熟、干练的气质。但在公休日，她又给自己来了一个大变脸，化起了久违的"青春少女妆"：粉蓝或粉绿、粉红、粉黄、粉白等颜色的眼影，彩色系列的睫毛膏和眼线，粉红或粉橘的腮红，自然系的唇彩或唇油，看上去鲜亮淡雅。心情好，工作效率自然就高。一年来，李楠以自己得体的外在形象、勤奋的工作态度和骄人的业绩，赢得了公司同仁的好评。

思考：如何评价李楠的两种妆容？

三、颈部

修饰脖颈，一是使之保持清洁卫生，二是要防止皮肤老化。

四、手

勤洗手，定期修剪手指甲及周围死皮。手指甲的长度以不超过手指尖为宜。

议议想想

1. 说说同学中仪容仪表做得好的有哪些人，好在哪里。

2. 对照课本内容，找出自己的仪容仪表有哪些好的地方，哪些不好的地方。

五、佩饰

佩饰是指人们在着装时佩戴的装饰性物品。它与服装、妆容一起被认为是修饰仪表的三大法宝。在社交场合，佩饰尤为引人注目，并发挥着交际功能。它是一种无声的语言，表达的是使用者的阅历、教养和审美品位；它是一种有意的暗示，暗示出的是使用者的身份、地位、财富和婚恋情况。

（一）佩戴原则

佩戴首饰以少为佳。若有意同时佩戴多种首饰，总量不应超过三件，且应使其色彩一致、质地相同。

季节不同，所戴首饰也应不同。金色、深色首饰适于冷季佩戴，银色、艳色首饰适合暖季佩戴。

佩戴首饰要兼顾服装质地、色彩、款式，并努力使之在搭配上相协调。佩戴首饰还要适宜身份、体型和场合。

（二）佩戴方法

1. 戒指

戒指的种类繁多，戴戒指应注意手指的形状和肤色。手指多肉者，可戴一枚没有花纹的戒指；手指短小者，最好佩戴不粗不大的指环；手指较长者可戴一枚有花纹或两枚重叠形的戒指；褐色皮肤的手，戴金戒指比较协调，有高雅感；手背皮肤偏黑者，可以选暗褐色或黑色宝石戒指。戒指戴在不同手指上，含义各不相同。

阅读材料

戒指的暗示

戒指一般只戴在左手上，而且最好仅戴一枚，最多戴两枚。戴两枚戒指时，可戴在左手两个相连的手指上，也可戴在两只手对应的手指上。戒指可以说是一种沉默的语言，往往暗示佩戴者的婚姻状况。戒指戴在中指上，表示已有意中人，正处在恋爱之中；戴在无名指上，表示已订婚或结婚；戴在小手指上，则暗示自己是一位独身者；如果把戒指戴在食指上，表示无偶或求偶。同时戴好几个戒指是不可取的。

2. 耳饰

耳饰，一般为女性所用，讲究成对使用，每只耳朵佩戴一只，不宜在一只耳朵上同时戴多只耳环。在国外，男子也有戴耳环的，但习惯做法是左耳戴一只，右耳不戴。

佩戴耳饰，首先要依据脸型。长脸型宜佩戴大耳饰、圆耳环；方脸型不宜佩戴圆形耳环，可以选择心形、椭圆形、花形的贴耳式耳饰；圆脸型适宜戴有坠耳饰，利用人的视觉原理，改变圆脸的轮廓。

其次要搭配服装。丝绸等轻薄面料，应配以贵重、精致的耳饰；像羊绒、呢料等厚重型面料，应配以高贵的金银珠宝耳饰。

最后要根据发型。梳长直发型的女性，宜佩戴长链形的耳饰，显得柔和婀娜；对于短发的女性来说，极简风格的耳饰最适合。

3. 项链

项链是戴于颈部的环形首饰。男女均可使用，但男士所戴的项链不应外露。通常项链不应多于一条，但可将一条长项链折成数条佩戴。戴项链时，要与服装、颈部形状和肤色相协调。浅色衣衫要佩戴深色或艳一些的宝石类项链；深色毛衫可佩戴紫晶或红玛瑙。脖子较粗的人应选择较细的项链；脖子较细的人，可选择宽一些的项链。

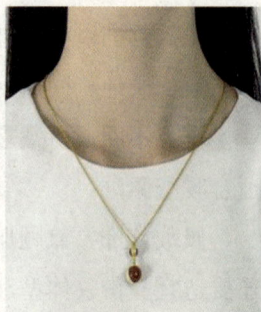

4. 手镯、手链

手镯，即佩戴于手腕上的环状饰物。男人一般不戴手镯。手镯可以戴一只，也可以同时戴两只。戴一只时，通常戴于左手；戴两只时，左、右手可各戴一只，也可以都戴于左手腕。

手链是一种佩戴于手腕上的链状饰物。与手镯不同的是，男女均可佩戴，但一只手上仅限一条，一般戴在左手上。它与手镯均不应与手表同戴于一只手上。

看看议议

上网搜索，观察戛纳电影节上明星们的饰品搭配，并和同学一起讨论。

学以致用

【多棱镜】

1. 王涛应聘到一家国有企业上班。第一天上班，他特意烫了头发。上班时，他无意在同事面前挖了鼻孔，又因为说话时口出异味，遭到了同事嫌弃。

思考：通过本课的学习，你认为王涛的做法有哪些不妥？请给予他建议。

2. 刚到某企业办公室实习的小李每天都打扮得漂漂亮亮的。这一天，她画了烟熏妆，戴上了大耳环，染了红色的头发……

思考：你认为小李这样穿戴合适吗？有什么不妥？如何改正？

【技能强化】

练习化妆的技法，掌握要领。

【知识问答】

1. 仪容美包括哪些方面的内容？

2. 化妆的规则是什么？

3. 化妆的步骤有哪些？

4. 饰品佩戴有哪些原则？

【对照反思】

1. 你每天早晚刷牙、饭后漱口吗？

2. 你每周洗澡吗？

3. 周围的人是否夸你干净整洁？

5. 你会在众人面前大声地擤鼻涕吗？

6. 你洗脸时洗脖子吗？

7. 你的手指甲是否干净无污垢？

8. 你三天洗一次头发吗？

第二节　服饰礼仪

俗话说"人靠衣装马靠鞍"，服饰不仅能"添美"还能"遮丑"，同时能体现着装者的精神气质和修养。服饰也是一种特殊的交际语言，对自身和他人都会产生影响。世界知名服装心理学家高莱说："着装是自我的镜子"。得体的着装，会给自我形象加分。

阅读材料

美国人做过一项研究，测试不同着装的人闯红灯对其他人造成的影响。一位西装革履、拎公文包的人，看似是金融界精英或者专家型人士，他快步闯过红灯后，紧接着大部分等待的人也随之闯过红灯。可见，此类着装具有号召力和影响力。

一位穿着牛仔裤、T 恤衫的蓝领模样的人闯红灯后，等待者中只有少数几个人随之闯红灯，多数人仍继续等待，并对他们投以鄙视的眼神。

结论：由此可见，不同穿着的人影响力也不同。无论在什么场合，个人的服饰都会传达一种信息，这种信息会对别人产生影响。

> **名人名言**
>
> 一个人的穿着打扮就是他的教养、品位、地位最真实的写照。
>
> ——莎士比亚

一、服饰穿戴基本原则

1. "TPO"原则

"TPO"是国际通用的着装原则。"TPO"是英文"Time"（时间）、"Place"（地点）、"Occasion"（场合）三个单词的缩写，是指人们的穿着打扮要兼顾时间、地点、场合，并与之相适应。

时间。不同时段的着装规则对女士尤为重要。白天工作时，女士应穿正式套装，以体现专业性；晚上若出席鸡尾酒会，就须多加一些修饰，如佩戴闪光的首饰，以体现优雅与时尚。服装的选择还要根据季节的变化，保持与潮流同步。

地点。在不同地点，着装也有很大区别。如在自己家里接待客人，可以穿着舒适、整洁的休闲服；外出时，要顾及当地的传统和风俗习惯，如去教堂或寺庙等场所，不能穿过露或过短的服装。

场合。场合分上学、上班、社交、休闲等。上学时，着装应整洁、大方，上班着装应庄重、高雅，社交着装要时髦、流行、潇洒、别致，休闲着装要舒适、宽松、自在、得体。不同场合有不同的着装礼仪要求。

2. "四协调"原则

服饰美在很大程度上取决于"四个协调"，即着装与自己的职业身份、年龄性别、形体条件、所处场合相协调，从而产生着装和谐、得体的整体效果。

阅读材料

严于律己的周总理

晚年的周恩来总理，即使在病重的时候，仍然坚持严于律己的风格。当时，他除了每天带病工作，还要接待外宾。后来，总理的双脚浮肿，原先的鞋子都穿不进去了，平时在家只能穿拖鞋。当他需要出席一次重大的外事活动时，却为穿鞋问题犯难了。他身边的工作人员见状，就劝总理："总理，您就穿着拖鞋接待外宾吧，那样做，外宾也是能理解的。"总理摆摆手，委婉而又坚决地拒绝了工作人员的建议："不行！不行！接待外宾，要讲究礼貌嘛！你要懂得，在社交场合，就是不能放纵自己，不能太随便！我不能为了自己的舒服，而忽略了应有的礼节啊！"后来，工作人员专门为他特制了一双很大的鞋子，让他在接待外宾时穿。

思考：得体的着装是对人的尊重吗？为什么周总理说："在社交场合，就是不能放纵自己，不能太随便！"

二、着装色彩搭配

根据工作性质和自身特点，选择适当的色彩进行合理的搭配，是美化服饰的一个重要技巧。不同颜色代表不同含义，如：红色代表热情，黄色象征华贵，蓝色代表宁静，橙色象征温暖，绿色象征生命，黑色代表庄重，白色象征纯洁。适宜、和谐

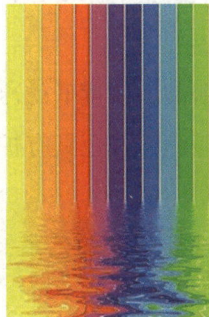

的色彩搭配给人带来美感，并留下深刻印象。

一般来说，黑、白、灰是配色中的安全色，最容易与其他颜色搭配并取得良好的效果。如红黑、红白搭配能较好地衬托热情向上的气质，灰色与其他颜色搭配能给人以平稳、朴实之感。

（一）常用的服饰配色法

1. 同类配色法

使用同一色系的颜色，根据深浅、明暗来搭配，能形成和谐的美感。如，天蓝色衬衫配深蓝（或藏青）色裤子，或者粉红色衬衫配深红色裙子。

2. 对比配色法

对比色搭配，相互衬托形成反差，能取得鲜明的视觉效果。如红和绿、黄和紫、白和黑的搭配，或冷暖色搭配、黑白灰与其他颜色搭配等。

> **议一议**
>
> 选出两组同学，一组提出准备出席的活动和参加的场合，另一组给出着装建议。建议要充分考虑着装者的身份、年龄、体型和参加的场合。

（二）着装配色"四注意"

1. 色彩与肤色协调

人的肤色是有差异的，不同的肤色应配不同颜色的服装。

皮肤较白净的人，各种颜色的衣服都适合。

皮肤较黑的人，要尽量避免穿深色服装，特别是深褐色、黑紫色、墨绿色，最好选偏浅色的服装或色彩浓艳的亮色服装。

肤色偏黄或苍白的人，最好不要穿紫红色的服装。

2. 色彩与体型协调

体胖者宜选用深色服装，明度低的冷色服装具有收缩的特性；过瘦者宜选择明度较高的颜色，明度高的暖色、浅色具有扩展的特性。

3. 色彩与个性协调

热情活泼者宜选择浓艳活跃的色系，内向文静者可选择温雅平和的色系，老成稳重者，则首选蓝、灰基调的色彩。

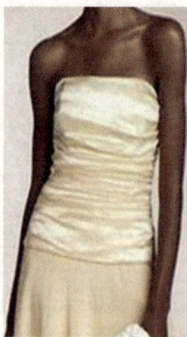

4. 色彩与年龄协调

青少年不要打扮得珠光宝气、艳丽夺目；中老年人服饰应庄重典雅，不能过于花哨。

说一说

你喜欢穿什么颜色的衣服？利用所学知识，分析自己的形体条件、肤色、个性与所好颜色的关系。

三、西装的穿着要领

西服是国际性服装，是礼服，也是公务服。一套得体的西装，可以使着装者潇洒不俗、风度翩翩、魅力十足。怎样穿着西装，才符合国际礼仪呢？

（一）规格

男士西装有单件、两件套、三件套等规格，着装要求整洁、挺括。单件西服上衣，适用于非正式场合。正式场合穿同一面料、同一颜色的毛料套装为好，内穿单色衬衫，系领带，戴领夹，穿皮鞋。三件套西装比两件套西服更正规，正式场合不能脱下外衣，西服背心贴身穿着，如果是五粒纽扣，应全扣上，如果是六粒纽扣，一般不系最下面一粒。按照国际惯例，西装里面不加毛背心或毛衣；在我国，也只能加一件"V"字领毛衣，以免破坏西装的线条美。

礼仪小贴士

深蓝色西装＋白衬衫，是标准商务着装搭配。

（二）衬衫

衬衫领子要挺括、整洁，没有污垢、油渍。衬衫的下摆要塞在裤腰里，领扣和袖扣要系好。衬衫领子、衣袖要分别长出西装上衣领子与衣袖1～2厘米，以显出层次。若出席正式场合，衬衣的颜色最好是白色。

（三）领带、领夹

领带作为男士重要的装饰物，被称为"西装的灵魂"，领带的领结要饱满，与衬衫领口的吻合要紧密。领带的长度以系好后大箭头垂到皮带扣为标准。西装系纽扣时，领夹应系在衬衫纽扣第二粒与第三粒之间。西装敞开时，领夹系在衬衫第四粒与第五粒纽扣之间为好。

几种领带的打法：

交叉结

平结

双环结

温莎结

> **做一做**
>
> 反复练习以上几种领带的打法，找出联系与区别。

（四）衣袋

西服的衣袋很多，上衣两侧的两个外衣袋只做装饰用，左胸部的外衣袋可放折叠好的装饰手帕或鲜花。钱夹、名片盒、香烟可分别放在上衣左胸与右胸的内衣袋里。背心的左胸口袋可用于插放钢笔。裤袋应尽量少装物品，以求臀位合适、裤型美观，但可插手。

（五）纽扣

西装有单排扣、双排扣之分。双排扣西装要求把全部纽扣系上。单排一粒扣的系上或敞开均可，单排两粒的系上面一粒扣，单排三扣的扣上面两粒或者只扣中间一粒，坐下时解开纽扣。

（六）鞋袜

皮鞋配西装，而且最好是黑色、黑棕色、深咖啡色的皮鞋，系带子的款式更为正式。此外，皮带的颜色也应与皮鞋颜色一致。袜子宜选深色，如黑色、藏蓝、深灰等。袜子要保持整洁、干净。袜筒的高度，不宜低于踝骨。出席正式场合最好避免在西服裤腿和袜口间露出腿部的皮肤，否则是失礼的行为。

> **说一说**
>
> 如果男士的西服上衣是黑色、藏青色、深棕色、驼色、米色、灰色、白色，请你为他配上合适颜色的衬衫和西裤，你可以选择哪些色彩与其搭配？分小组讨论。

四、职业女装穿着要领

在正式场合，套裙是女士首选的服装。套裙的穿着一定要得法。

第一，套裙应当大小适度。套裙的上衣最短可以齐腰，而裙子最长可以到小腿的中部，上衣的袖长以恰好盖住手腕为好。

第二，套装穿着要注重细节。套裙上衣的领子要完全翻好，裙子要穿得端端正正，上下对齐。上衣的衣扣要全部系上，不允许部分或全部解开，更不允许当着别人的面随便将上衣脱下来。

第三，穿着套裙应当考虑场合。女士在正式的公务交往中，一般以套裙为好。而在出席宴会、舞会、音乐会时，可酌情选择与此类场合相协调的礼服或时装。外出观光旅游、逛街购物或者锻炼健身时，一般以休闲装、运动装等便装为宜。

第四，套裙应当与妆容、佩饰相搭配，风格要统一。女士在穿套裙时，应化淡妆，不化妆、化浓妆都不合适。可以不佩戴任何首饰；如果要佩戴的话，最多不应超过三种。耳环、手镯、脚链等首饰是不宜与套装搭配在一起的。

第五，穿着套裙应当注意举止。站姿要端正，坐姿要规范，切勿双腿分开过大、跷腿或抖脚。在行走或取放东西时，宜以小碎步行进。

第六，穿套裙禁忌。穿套裙时，通常不宜穿凉鞋、拖鞋、运动鞋。在交际中，穿套裙勿光腿，及膝的裙子应搭配薄长丝袜，不宜搭配短袜。在裙子下摆与袜口之间露腿，俗称"三截腿"，是很不雅观的。此外，女士穿裙装应注意清除腿上过于浓重的腿毛。

礼仪小贴士

丝袜的破损会让你尴尬万分，因此可以在包里放一双备用的长丝袜，必要时换上。

相关链接

丝巾的系法

练一练

上网搜索并学习丝巾的系法。

学以致用

【多棱镜】

1. 许飞是某公司的一名会计，她第一天上班时，化着时尚的妆容，穿着十厘米的高跟鞋，身着超短裙和黑色蕾丝长筒袜。

思考：根据本课所学的着装知识，分析许飞的着装是否合适。如有不妥，不妥之处在哪里？正确的做法是什么？

2. 小菲是杂志社新入职的记者。有一天，领导安排她去采访某民营企业的老总郭女士。她穿了一件紧身小衫、热裤，戴着项链、手链、耳环。见到郭女士，发现她身材高挑，穿着一套淡蓝色套装、白色皮鞋，头发盘起，左手腕上戴着一块精巧的手表，显得那样干练、高雅。小菲突然感觉自己穿得像个小丑，采访中表现得很失败。

思考：小菲采访失败的原因是什么？两人的穿着是否符合自己的身份？套裙的穿着要领有哪些？

3. 一名女大学生准备到一家公司应聘业务部经理。她比约定的面试时间提前 20 分钟到达，熟悉了一下环境，做好了充分的心理准备。进去面试时，她首先非常有礼貌地敲敲门，进去后举止大方地做了自我介绍，沉着冷静地回答主考官的各种提问，她的表现很出色。从主考官的表情也能看出，对她是满意的，可最终她并没有被录用。后来她通过了解才知道，公司对她的学识、口才都很认可，只是觉得她不够成熟。她仔细回顾各个环节，恍然大悟。原来面试那天，她穿的是一件非常休闲的 T 恤衫、一条洗得发白的牛仔裤和一双舒适的旅游鞋。

思考：这样的装扮会给人怎样的印象？她面试失败的原因是什么？

4. 演讲者的服饰对听众有什么影响？卡耐基多次指出，如果演讲者是不修边幅的男士，穿着宽松的裤子、变形的外衣和鞋子，自来水笔和铅笔露在胸前口袋外面，西裤口袋塞得凸出来；如果演讲者是一位女士，带着丑陋的大手提包，衬裙露在外面，听众对这样的演讲者根本没有信心，就如同演讲者对自己的外表没有信心一般。听众甚至会认为，这位演讲者的头脑一定也是乱七八糟的，就如同他（她）那蓬乱的头发、未擦的皮鞋或是塞满东西的手提包。演讲者的服饰是听众审美的重要内容，应整洁端庄、协调得体。站在聚光灯下的演讲者，是关注的中心，即使是微小的瑕疵，也会很醒目。

思考：看了这段话你有什么感想？着装穿戴的基本原则有哪些？

【看图说话】

观察以上图片，说说图片中西装的穿法有何不妥之处，怎样修正。具体说说西装的着装要领。

【知识问答】

服装的配色方法有哪些？着装配色的"四注意"有哪些？

第三节 仪态礼仪

仪态，是指人的身体姿态和风度。优良的仪态往往比语言更让人感到真实、生动。仪态美，是一种深层次的美，可以交流思想、表达感情。下面将从优雅得体的举止和恰当的表情两方面入手，帮你树立良好的交际形象，获得他人的好感。

阅读材料

周恩来总理堪称仪态美的典范。青年时代他在南开中学读书，南开中学教学楼的镜子上印着《镜铭》："面必净，发必理，衣必整，纽必结；头容正，胸容宽，肩容平，背容直。颜色：勿傲，勿暴，勿怠；气象：宜和，宜静，宜庄。"

周恩来自年轻时就按《镜铭》上的要求去加强礼仪修养，在半个多世纪的革命生涯中，形成了独特的"周恩来风格的体态语"，可谓"举手投足皆潇洒，一笑一颦尽感人"。一位欧洲女作家说：他的眼睛是他身上最惊人的特点，总是闪着光并迅速移动，人人都发现它是不可抗拒的。周恩来在演讲时，步履矫健，昂首挺胸，神色自然，浑身洋溢着自信与激情。他时而平静，时而激动，时而温和，时而愤怒，这一切都是那样恰如其分。独具魅力的体态语，帮助周恩来成为受人欢迎的交谈伙伴、劝说行家，成为杰出的演说家、外交家。

一、举止礼仪

主要包括站姿、坐姿、走姿、手势的礼仪规范。

（一）站姿

得体的站姿给人健康向上、精神饱满的感觉。男生要站得稳健挺拔，体现出男性的刚健、潇洒；女生的站姿要优雅娴静，体现出女性的柔美、轻盈。

1. 基本站姿

头正，下颌微收，面带微笑；肩平，双臂放松，自然下垂；挺胸收腹，立腰提臀；双腿挺直并拢；脚后跟相抵，前脚掌打开呈"V"形，身体重心落在两腿正中。

基本站姿   前交手站姿

2. 前交手站姿

在基本站姿的基础上，双手于腹前交叉。女士虎口相对，不露拇指，两脚呈"V"形，或一脚跟靠于另一脚内侧；男士一手压另一手背，上面一手拇指外露，其余四指向里扣住另一手，两脚呈"V"形，或者两脚分开，但不得超过20厘米。

3. 后交手站姿

只限男士采用。在基本站姿的基础上，两手相叠在背后臀部稍上位置，一手攥住另一只手手腕，被攥住的手半握拳，两脚呈"V"形，或者两脚分开，但不得超过20厘米。

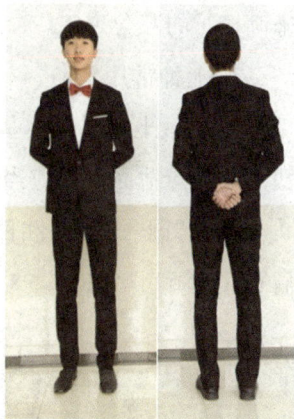

场合不同，站姿也应有所不同，在升国旗、奏国歌等庄严的仪式场合，应该严格按照基本站姿，并且神情要严肃、庄重。主持文艺活动、联欢会时，双腿自然并拢，女士可站成"丁"字步，让站姿更加优美。

后交手站姿

站姿注意事项：站立时切忌东倒西歪、耸肩驼背、左摇右晃、两脚间距过大；站立交谈时，不要倚门、靠墙、靠柱；在正式场合站立时，不要将手插入裤袋或交叉在胸前，更不能下意识地做小动作，如抖腿等，以免给人留下不好的印象。

练一练

背靠墙：将后脑、双肩、臀部、小腿肚及脚后跟等部位靠紧墙壁，如果长期坚持可以使站姿完美。

背靠背：两人一组，背靠背站立，相互将后脑、肩部、臀部、小腿肚及脚后跟等部位靠紧，并在两人的肩部、小腿等相靠处各放一张卡片，不能让卡片掉下来。

头顶书：把书本放在头顶，头、躯干保持自然平稳，颈部挺直，下巴内收，上身挺直，目光平视，面带微笑，不能让书本掉下来。如果长期坚持，可纠正低头、歪头、晃头、仰脸、左顾右盼的毛病。

对镜照：面对镜子审视自我，练习几种站姿，发现问题并及时纠正。

以上练习要求男生穿皮鞋，女生穿半高跟皮鞋。可配音乐，用以调整心情，避免训练的单调性，也可减轻疲劳感。

（二）坐姿

坐姿最能体现气质与静态美。正确规范的坐姿端庄、优美，给人以文雅、稳重、自然、大方的美感。

1. 坐姿的基本要领

面带笑容，双目平视，微收下颌。双肩平正放松，两臂自然弯曲放在腿上，掌心向下。立腰、挺胸、上体自然挺直。双膝自然并拢，男士两腿、两脚可略分开。至少坐满椅子的三分之二。

2. 七种常用坐姿

（1）正坐式。又称基本坐姿，适用于最正规的场合。要求上身与大腿、大腿与小腿、小腿与地面，都应当成直角，双膝、双脚完全并拢。

（2）开膝式。男性使用，也较为正规。在正坐的基础上，双膝分开，但不超过肩宽。

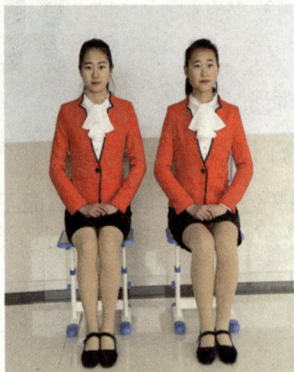
正坐式

开膝式

（3）双腿斜挂式。一腿搭放于另一腿上，向一侧斜伸出，两腿并拢，脚面朝前，脚尖方向一致。斜放的腿部与地面呈45度夹角。

（4）双腿斜放式。适用于穿短裙的女性在较低处就座时使用。两小腿紧密并拢向一侧斜伸，脚尖着地，脚跟可提起，力求使斜放的腿部与地面呈 45 度角。

双腿斜挂式

双腿斜放式

（5）交叉式。它适用于各种场合，男女皆可选用。女士双膝并拢，双脚在踝部交叉；男士两膝可稍分开。可以垂直放、斜放或向正后方屈回，但不宜向前方伸得过远。

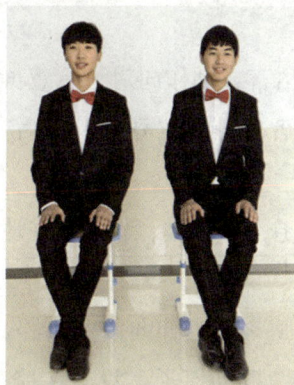
并叉式（男）

交叉式（女）

（6）前伸后屈式。女性适用的一种优美的坐姿。要求大腿并紧之后，向前伸出一条腿，脚掌着地，另一条腿屈后，前半脚掌着地，两脚相距 10 厘米，前后呈一条直线。

（7）悬挂式。男性在非正式场合采用。主力腿垂直于地面，另一条腿搭放其上，两小腿尽量靠拢，上面一条腿脚尖朝下，不要以脚底示人。

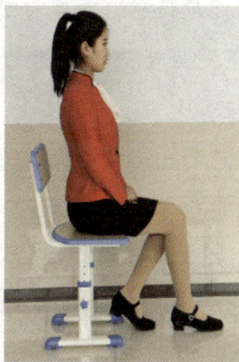
前伸后屈式

悬挂式

3. 入座的要求

（1）注意顺序。与他人一起入座，落座时要讲究先后顺序，礼让尊长，不抢先落座。

（2）左进左出。通常都从左侧入座，左侧离座，特别是在正式场合。

（3）落座无声。不管是落座还是调整坐姿、移动座位，都不要发出声响。

（4）规范就座。走到座椅前，转身背对椅子，立于椅面前 10 厘米左右，右腿后撤，轻触椅面判断高矮，轻轻落座后，摆好双脚。着裙装的女士入座，应用手将裙摆拢好再入座。

名人名言

从仪态了解人的内心世界、把握人的本来面目，往往具有相当的准确性和可靠性。

——达·芬奇

4. 离座的要求

（1）事前说明。如有人在场，离座时应用语言或动作向对方示意再站起。

（2）注意顺序。多人同时离座时，地位低者要等地位高者离座后方可起身；主人要等客人起身后方可起身。

（3）起身稳重。忌突然起身，弄响座椅桌子，将椅垫、靠背掉在地上。

5. 坐姿禁忌

脚跟触及地面，而将脚尖跷起；高跷二郎腿，脚尖伸向前方；腿部抖动摇晃；两腿过于叉开，长长地伸开去；坐下后，翘着屁股挪动椅子；只坐在椅子边上，萎缩前倾；双手放在臀下；女士没有并拢两腿。

练一练

入座。按规范入座，可选用不同高度、款式的座椅，如课椅、沙发、条凳、吧凳等进行练习。

离座。按规范离座，注意动作轻缓，速度适中，身体自然平稳，腰背直立。

坐姿。把握不同坐姿的要求，注意不同坐姿中手、脚的摆放位置，上身要挺拔，女士双膝并拢，男士双膝分开不应过大。

对镜照。面对镜子审视自我，检查自己的坐姿及整体形象，发现问题及时纠正。重点检查入座、离座的动作，坐姿的手位、腿位、脚位，以及身体的姿态。

以上练习要求男生穿皮鞋，女生穿半高跟皮鞋。可配音乐，用以调整心情，避免训练的单调性，也可减轻疲劳感，还可以随音乐节奏调整动作。

（三）走姿

走姿属动态美，男士步态应协调稳健、轻松敏捷，女士步态要从容、轻盈、优美。

1. 走姿的基本要领

行走时，挺胸，收腹，立腰，身体前倾，身体重量落于前脚掌。肩平不摇，双臂自然摆动，前摆幅约 30 度，后摆幅约 15 度。

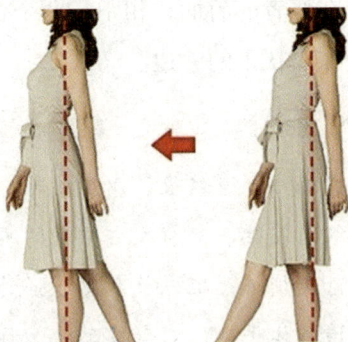

步位是指两脚下落到地面的位置。女士两脚内侧应交替踏在同一条直线上，男士两脚内侧应交替踏在相距约半拳的平行线上，前脚掌略外展。

步幅是指跨步时两脚间的距离，约为本人一只脚的长度。性别、身高不同，步幅也会不同；身着不同的服饰，步幅也会不同。如女士着旗袍、西装裙、高跟鞋，步幅相对要小，穿长裙、长裤、运动鞋，步幅可大一些。

步频是指行走的速度。女士每分钟约 120 个单步，男士每分钟约 100 个单步。

2. 不同场合的走姿

（1）参加喜庆活动，脚步要轻盈、欢快，有跳跃感。

（2）参加吊丧活动，步态要缓慢、沉重，有忧伤感。

（3）参观展览、探望病人，不宜出声响，脚步要轻柔。

（4）进入办公场所，脚步应轻而稳。

（5）走入会场、走向话筒、迎向宾客时，步伐要稳健、大方，充满活力。

（6）办事联络，往来于各部门之间，步伐要快捷、稳重，体现效率、干练。

（7）陪同来宾参观，要照顾来宾行走速度并善于引路。

3. 走姿注意事项

忌"内八字"和"外八字"，忌弯腰驼背、歪肩晃膀，忌大甩手、扭腰摆臀、左顾右盼。步子不要太大或太碎，不要上下颤动，不要脚蹭地面，不要双手插裤兜。

4. 行走的礼仪规范

（1）走路要靠右边走。

（2）两人同行时，以前者、右者为尊；三人同行时，并行以中间为尊，前后行以前者为尊。

（3）陪同引领，行走速度应与客人步速相协调。陪同时，并行，让客人走在右侧。引领时，要走在客人左前方1米左右。拐角、台阶、光线暗或路面不安全时，要及时提醒，并采取适当手势。

（4）上下楼梯时，要靠右侧，不宜多人并排，不能站在楼梯上或者拐角处谈话。与他人一起上下楼梯，上楼时在尊者的后面，相距一两个台阶；下楼时在尊者的前面，相距一两个台阶，并让尊者走在靠扶手的一边。

练一练

摆臂。按规范进行摆臂练习，身体直，以肩为轴，双臂前后自然摆动。注意摆动的幅度适度，纠正双肩僵硬、双臂左右摆动的不良习惯。

行进一：按规范进行行走训练，配以节奏感较强的音乐，行走时注意把握好行进的步速、节奏，保持身体平衡，双臂摆动要对称，动作要协调。

行进二：模拟工作场景进行侧身步行训练，髋部朝向前行的方向，上身分别稍向右转或左转。

行进三：将书本放在头顶中心进行行走训练，行走时保持头正、颈直、目不斜视。

行进四：按规范进行行走训练，在地上画一条直线，行走时检查自己的步位和步幅是否妥当，纠正"外八字""内八字"及脚步过大或过小。

以上练习要求男生穿皮鞋，女生穿半高跟皮鞋。可配音乐，用以调整心情，避免训练的单调性，也可减轻疲劳感，还可以随音乐节奏调整动作。

（四）蹲姿

1. 交叉式蹲姿

在实际生活中常常会用到蹲姿，如集体合影时，前排需要蹲下，女士可采用交叉式蹲姿。以右腿在前为例：下蹲时右脚在前，左脚在后，右小腿垂直于地面，全脚着地；左膝由后面伸向右侧，左脚跟抬起，脚掌着地；两腿靠紧，合力支撑身体；臀部向下，上身稍前倾。

2. 高低式蹲姿

以右脚在前为例。下蹲时右脚在前，左脚稍后，两腿靠紧向下蹲。右脚全脚着地，小腿基本垂直于地面，左脚脚跟提起，脚掌着地。左膝低于右膝，左膝内侧靠于右小腿内侧，形成右膝高、左膝低的姿态，臀部向下，基本以左腿支撑身体。

交叉式蹲姿   高低式蹲姿

名人名言

在美的方面，相貌之美，高于色泽之美，而秀雅合适的动作之美，又高于相貌之美。

——培根

练一练

按规范原地蹲下，做出拢裙摆、掩衣襟的动作，注意保持上身挺拔。采用高低式、交叉式蹲姿捡拾掉在地上的文件夹、纸张、笔等。

按规范练习行进中停步、蹲下、捡拾东西、起身、拿给宾客等连贯动作。

以上练习要求男生穿皮鞋，女生穿半高跟皮鞋。可配音乐，用以调整心情，避免训练的单调性，也可减轻疲劳感。

（五）手势

手势是指人的手和手臂所做的动作，是最丰富、最有表现力的体态语言。俗话说："心有所思，手有所指。"如招手致意，挥手告别，拍手称赞，拱手致谢，举手赞同，摆手拒绝；手抚是爱，手指是怒，手搂是亲，手捧是敬，手遮是羞，等等。能够恰当地运用手势表情达意，会为自身形象增辉，体现良好的修养。相反，使用了不恰当的手势，会让人感到傲慢无礼或自卑不安，甚至会给你带来麻烦。

1. 常用手势

（1）请进。迎接客人时，站立一旁，一手下垂，一手五指并拢，从体侧抬起向侧前方摆动，手臂与双肩成 30 度角。手掌和手腕、小臂保持在一个平面，手臂弯曲成 150 度左右，掌心斜向上方，手掌与地面成 45 度角。微笑目视来宾，说"请进"，直到客人走过，再放下手臂。

（2）请往前走。在"请进"手势的基础上，将手抬到与肩同高或稍高的位置，前臂伸直，用手掌指向客人要找寻的位置，并配以简单的话语加以说明，客人领会后再放下手臂。

（3）请坐。请客人入座时，手臂从体侧抬起弯曲 150 度左右，手掌指向客人，然后手臂由上向下摆动，使手和手臂向下形成一斜线，与身体成 45 度角时停住，微笑注视客人，说"您请坐"，保持 2～3 秒钟将手收回。

"请进！"　　　　　　"请往前走！"　　　　　　"请坐！"

（4）"V"形手势。伸出食指和中指，掌心向外，表示"胜利"。这一手势是"二战"时的英国首相丘吉尔首先使用的。这种手势还时常表示"二"这个数字。若掌心向内，在西欧表示侮辱、下贱，有骂人的意思。

（5）"OK"手势。拇指和食指合成一个圆圈，其余三指自然伸张。这一手势，在美国表示允许、顺利、好，在法国表示零或无，在印度表示正确，在中国表示"零"或"三"两个数字，在日本、缅甸、韩国则表示金钱。

（6）拇指手势。大拇指向上，指腹朝外，其余四指握紧，一般表示夸奖和赞许，意味着"好""了不起""高明""最佳"。在德国表示数字"1"，在日本表示"5"。若大拇指向下，多表示坏、蔑视之意。

（7）鼓掌。右手轻拍左手掌心，表示欢迎、鼓励、致意、祝贺等含义。

2. 注意事项

（1）注意区域差异。不同国家、地区、民族，由于文化习俗不同，手势的含义也千差万别。因此应慎用手势。

（2）勿用食指指人。尤其是介绍他人时，用食指去指，是非常无礼的行为。

（3）勿将掌心向下指人。指示他人，应掌心水平向上，五指并拢伸直。掌心向下只能用于指示宠物。

（4）忌手势过多、动作幅度过大。在运用手势时，切忌指手画脚、手舞足蹈，如反复摆弄自己的手指，活动关节，甚至发出嘎嘎的声响，说话时抠指甲、玩衣襟、转手表带，都会让人感到紧张不安。

练一练

对镜照：面对镜子，进行指示方向、引领客人、请坐、"V"形手势、"OK"手势、拇指手势等不同手势的动作练习，体会通过动作向对方传达出尊敬之意的感受，发现问题并及时纠正。

面对面：两人一组，立正站好，面带微笑，对手臂动作、体态变化、礼仪用语、目光和眼神进行分解练习，然后进行连贯练习，尽量做到动作连贯、自然、优雅、规范、适度、大方、协调。

鼓掌：面对镜子，练习鼓掌的手部动作。播放进行曲，练习按节奏鼓掌；模拟大会开始之前宾客鼓掌的动作，模拟领导发言之后鼓掌的动作等。练习鼓掌的动作要领，发现问题并及时纠正。

以上练习可配音乐，用以调整心情，避免训练的单调性，也可减轻疲劳感。

二、表情礼仪

有人曾问古希腊大演讲家德摩斯梯尼："演讲家最重要的才能是什么?"他回答："表情。"又问："其次呢?""表情。""再次呢?""表情。"

表情指人的面部神态，是人的思想感情和内在情绪的外露。面部表情是体态语的重要组成部分。有研究证明，人在接受外界信息时，"总体效果＝7％的语言＋38％的语调＋55％的表情"，足以说明表情在信息传达中的重要性。

在生活中，什么样的表情最能体现优雅的风度？什么样的表情更有利于人与人之间的交往呢？下面从构成表情的两个主要因素——眼神和微笑来介绍。

（一）眼神

名人名言

眼神里的语言世界，任何地方的人都能理解。

——爱默生

一旦学会了眼睛的语言，表情的变化将是无穷无尽的。

——泰戈尔

心理学家认为，眼神是面部表情的核心，可以表达有声语言难以表现的意义和情感。恰到好处的眼神应是友善自然、明亮有神、清澈坦荡的。

1. 注视的位置

交谈时，应注视对方双眼，以示重视，但时间不宜过久。长久盯住对方双眼，会给人挑衅、仇视的感觉。注视额头，叫公务型注视，表示严肃、公事公办；注视两眼至唇部倒三角区域，表示友好、亲切。

2. 注视的时长

（1）表示友好。注视对方的时间应占全部相处时间的1/3 左右。

（2）表示重视。比如在听报告、请教问题时，注视对方的时间应占全部相处时间的2/3 左右。

（3）表示轻视。注视对方的时间不到相处时间的1/3，意味着瞧不起或没有兴趣。

（4）表示敌意。注视对方的时间超过相处时间的2/3，往往表示可能对对方抱有敌意，或者对对方本人的兴趣超过了语言的兴趣。

3. 目光的变化

要根据语境，灵活使用目光来表达自己的感情。如在交际场合演讲时，不时用目光与不同角度的听众进行沟通，讲到兴奋时，让眼神发出兴奋的光芒；讲到哀伤时，眼睛低垂，让眼神呆滞一会儿等。而冰冷、轻蔑、左顾右盼的目光都是应该避免的，更不应对人上下扫视。

4. 目光运用"六忌"

（1）避视，指与客人打交道时目光躲闪，若无意中与他人目光相遇，令躲避闪开。应自然对视 1~2 秒钟，然后慢慢离开，这样比较得体。

（2）扫视，指长时间地对客人全身上下，反复打量。

（3）盯视，指盯着客人看，注视时间过长，超过 5 秒钟，尤其是与异性对视，会引起对方尴尬或可疑的猜测。

（4）忽视，指不经意地看表或表现出不耐烦的样子。

（5）旁视，指东张西望，左顾右盼，三心二意，目光游移不定。

（6）不视，指不看对方，只顾低头做事。

📖 **阅读材料**

一次令人震撼的演讲

第二次世界大战后，英国首相丘吉尔应邀在剑桥大学毕业典礼上演讲。现场上万名听众欢呼不停，迫不及待地想要听这位带领英国人民战胜纳粹侵略的伟大首相的励志演讲。丘吉尔默默地注视着全场听众，一分钟后，他铿锵有力地说了几个字："永不放弃！"听众热切地望着首相，等待下文。丘吉尔沉默着，仿佛纳粹空袭伦敦、炸毁民舍的情景又浮现在眼前，过了半分钟，他再次用沉重的语调说："永不放弃！"与全场听众目光对视后，丘吉尔放开声音，一字一顿地说："永不放弃！"声音回绕整个礼堂。只见他目光炯炯扫视全场然后平视前方，保持昂扬的姿势定格。顿时，全场掌声雷动。这是丘吉尔一生中最精彩的一次演讲，也是世界上最简短、最震撼的一次演讲。听众从丘吉尔的眼神中体会到坚定、沉痛、激愤、自豪等种种复杂情感。

看看议议

自己练：面对镜子，进行目光训练，力求真诚专注、亲切自然、明亮有神。

两人对练：两人一组，面对面，进行注视位置的练习，如公务注视、社交注视。

小组合练：五六人一组，进行正视、平视、环视、仰视、直视及在不同情境下的目光变化练习。观察练习者的动作，并就各自的感觉进行交流，轮换进行。

以上练习可配以适宜的音乐进行，用以调整心情，避免训练的单调性，也可减轻疲劳感。

（二）微笑

名人名言

微笑是善意的标志，友好的使者，成功的桥梁。

——布什

微笑是解语之花、忘忧之草，是最具吸引力的表情，也是人际交往中最基本的礼仪。一个发自内心的微笑，能让人感到尊重、友善，会帮你赢得别人的好感，有效化解交往中的矛盾，促使人际交往顺利进行。

微笑是动态的。如何把最美的自己呈现给对方，要把握微笑的几个要点：

（1）时机。应该在与交往对象目光接触的瞬间展现微笑，表达友好。

（2）变化。在整个交往过程中要保持微笑，但微笑的程度要有所变化，要有收有放：或者眼中含笑，浅浅一笑；或者热情洋溢，开怀而笑。

（3）自然。微笑，美在文雅适度，亲切自然。微笑要诚恳和发自内心，"诚于中而形于外"，切不可故作笑颜，假意奉承。

（4）协调。发自内心的微笑，会自然调动五官：眼睛略眯起、有神，眉毛上扬并稍弯，鼻翼张开，脸肌收拢，嘴角上翘。微笑时做到眼到、眉到、鼻到、肌到、嘴到，才会亲切可人，打动人心。

练一练

基本微笑法。面部肌肉自然、放松；抿嘴，两面嘴角轻轻一收；无意识地咬牙，使双颊肌肉用力向上抬，口里念"E"音，用力抬高口角两端，露出6至8颗牙齿。

木筷训练法。用门牙轻轻咬住木筷子，把嘴角对准木筷子，两边都要翘起，并观察连接嘴唇两端的线是否与木筷子在同一水平线上。保持这个状态10秒钟。在这一状态下，轻轻地拔出木筷子，保持住。

"眼形笑"与"眼神笑"。微笑的时候，眼睛也要"微笑"，否则，给人的感觉是皮笑肉不笑。眼睛是心灵的窗口，只要内心充满温和、善良和包容，那眼睛的笑容一定非常感人。

取一张厚纸遮住眼睛下边的部位，对着镜子，心里想着最高兴的情景。这样，整个面部就会露出自然的微笑，这时，眼睛周围的肌肉也在微笑的状态，这是"眼形笑"。然后放松面部肌肉，嘴唇也恢复原样，可目光仍然含笑，这就是"眼神笑"。学会用眼神与人交流，这样的微笑才会更传神、更亲切。

学以致用

【多棱镜】

飞机起飞前，一位乘客请空姐给他倒杯水吃药。空姐很有礼貌地说："先生，为了您的安全，请稍等片刻，等飞机进入平衡飞行后，我会立刻把水给您送过来，好吗？"

十五分钟后，飞机早已进入平衡飞行状态。突然，乘客服务铃急促地响了起来，空姐猛然意识到：糟了，由于太忙，忘记给那位乘客倒水了。空姐来到客舱，看见按响服务铃的果然是刚才那位乘客，她小心翼翼地把水送给那位乘客，微笑着说："先生，实在对不起，由于我的疏忽，延误了您吃药的时间，我感到非常抱歉。"这位乘客抬起左手，指着手表说道："怎么回事，有你这样服务的吗？你看看，都过了多久了！"空姐感到很委屈，但是，无论她怎么解释，这位乘客都不肯原谅她的疏忽。

在接下来的飞行中，为了弥补自己的过失，每次去客舱给乘客服务时，空姐都会走到那位乘客面前，面带微笑地询问他是否需要水或者别的什么帮助。然而，那位乘客余怒未消，并不理会空姐。

临到目的地，那位乘客要求空姐把留言本给他送过去。很显然，他要投诉这名空姐。空姐非常有礼貌地面带微笑地说道："先生，请允许我再次向您表示真诚的歉意，无论您提出什么意见，我都会欣然接受！"那位乘客脸色一紧，准备说什么，可是没有开口，他接过留言本，开始在本子上写了起来。

等到飞机安全降落，所有乘客陆续离开后，空姐打开留言本，却惊奇地发现，那位乘客在本子上写下的并不是投诉信，而是一封热情洋溢的表扬信。

是什么使得这位挑剔的乘客最终放弃了投诉呢？在信中，空姐读到这样一句话："在整个过程中，你表现出的真诚的歉意，特别是你的十二次微笑深深打动了我，使我最终决定将投诉信写成表扬信！你的服务质量很高，下次如果有机会，我还将乘坐你们这趟航班。"

思考：乘客为什么将投诉信写成了表扬信？微笑有何作用？微笑的要求有哪些？

【看图说话】

观察下图中站姿、坐姿、走姿、蹲姿图片，说说哪些姿势是正确的，哪些姿势是错误的，在下面画"×"或"√"，并说说规范的姿势要领。

【情景表演】

创设情境，展示规范的站姿、坐姿、走姿、手势、眼神及微笑。

【知识应用】

在日常生活、学习中使用本课所学礼仪，培养良好的仪容、仪表、仪态。

单元总复习

【温故知新】

一、选择题

1. 只系上"风度扣"或者全部不系的是（　　）

A. 单排一粒纽扣　　　　　　　　B. 单排二粒纽扣

C. 单排三粒纽扣　　　　　　　　D. 双排扣西装

2. 男子黑色皮鞋的鞋跟不要超过（　　）

A. 2 厘米　　　　　B. 3 厘米　　　　　C. 4 厘米　　　　　D. 5 厘米

3. 李华体型瘦小，穿横条纹衣服显得丰满。她的服装穿着符合（　　）

A. 同类配色法　　　　　　　　B. 对比配色法

C. "TPO" 原则　　　　　　　　D. "四协调" 原则

4. 王先生买了一套单排三粒扣西装，他应把扣子（　　）

A. 全部系上　　　　　　　　B. 系上面两粒

C. 只系中间一粒　　　　　　D. 系最上面一粒

5. 小李上身穿天蓝色衬衫，下身穿深蓝色裤子。他采用的服装配色法是（　　）

A. 同类配色法　　　　　　　　B. 深浅配色法

C. 对比配色法　　　　　　　　D. 冷暖配色法

6. 张先生穿着双排扣西装参加正式宴会，他应将纽扣（　　）

A. 全部系上　　　　　　　　B. 只系最后一粒

C. 只系第一粒　　　　　　　D. 全部不系

7. 服务员小李上班穿工装，她着装符合的原则是（　　）

A. 与年龄性别相协调　　　　B. 与形体条件相协调

C. 与职业身份相协调　　　　D. 与年龄性别相协调

8. 国际上通常遵循的着装原则是（　　）

A. 着装的配色原则　　　　　　B. 着装的穿着原则

C. 着装的"TPO"原则　　　　　D. 着装的"四协调"原则

9. 下列最容易与其他颜色搭配并取得良好效果的颜色是（　　　）

A. 红　　　　　B. 黄　　　　　C. 橙　　　　　D. 白

10. 只系中间一粒纽扣的西装是（　　　）

A. 双排三粒纽扣西装　　　　　B. 单排二粒纽扣西装

C. 单排三粒纽扣西装　　　　　D. 双排扣西装

11. 西装敞开时，领夹应系在衬衫的（　　　）

A. 第一粒与第二粒之间　　　　　B. 第二粒与第三粒之间

C. 第三粒与第四粒之间　　　　　D. 第四粒与第五粒之间

二、问答题

1. 化妆的步骤有哪几步？

2. 配饰礼仪规则有哪些？

3. 服装穿戴的原则是什么？

4. 西装的穿着要领有哪些？

5. 女士穿套装的礼仪要求有哪六点？

6. 站姿的具体要领是什么？

7. 坐姿的种类有哪些？

8. 走姿的具体要领指的是什么？

9. 微笑的要求有哪四点？

【知识应用】

小红成功应聘为某大酒店的前台经理。第一天上班，她想把自己美好的形象展现给顾客。为此，她特意烫了披肩发，用了两个小时的时间化了时尚妆，穿上了显得朝气蓬勃的超短裙和黑色长丝袜，能充分显露体型的花衬衫，红色的 7 厘米高跟鞋，戴着悬挂式耳环和马鞭链。

（1）请指出小红着装的不妥之处。

（2）请你告诉小红着装的原则有哪些。

【技能展示】

1. 请在十五分钟内化一个优雅得体的淡妆。

2. 以小组为单位进行仪态礼仪表演，包括站姿、坐姿、走姿、蹲姿、手势、微笑、眼神。配音乐解说，时间为四分钟。

第三单元　家庭礼仪

　　"家和万事兴"，家庭的和睦、美满，不仅关系着自身家庭的幸福，而且和国家强盛有着密切的关系。家庭和睦促进社会稳定，社会稳定促进国家富强。古圣先贤提倡"修身、齐家、治国、平天下"，就是要先管理好自己的家庭，之后才能够成就大事业。

【学习目标】

1. 了解家庭礼仪的概念。
2. 掌握家庭成员之间的礼仪。
3. 明确邻里之间怎样和睦相处。
4. 掌握做客与待客礼仪。
5. 知晓中国传统节日。

　　家庭礼仪，指的就是人们在长期的家庭生活中，用以沟通思想、交流信息、联络感情而逐渐形成的约定俗成的行为准则和礼节、仪式的总称。家庭礼仪能调节家庭成员之间达成和谐的关系，也有助于社会的安定和国家的发展。

　　树立健康向上的家庭风气，营造美满幸福的家庭生活，是千家万户共同的追求和理想。家庭礼仪主要包括父母子女、兄弟姐妹以及邻里之间的礼仪规范。

第一节　　家庭成员礼仪

名人名言

家庭的幸福在于我们彼此的热忱关怀。

——苏霍姆林斯基

一、称呼有礼貌

对于家庭成员的称谓，是人们最早和最常用的词汇之一。幼儿牙牙学语，最早学会的可能就是"妈妈""爸爸"这几个字。随着年龄的增长，各类家庭成员的称呼越来越多，越来越复杂，其礼仪要求也越来越讲究。

称谓礼仪是在对亲属、朋友或其他有关人员称呼时所使用的一种规范性礼貌用语，准确的称谓能恰当地体现出当事人之间的隶属关系。了解亲属称谓，准确称呼亲属，是交际活动的需要，也是懂礼节的表现。

中国是一个多民族的国家，其中汉族人口占绝大多数。汉族亲属称谓的三个特点是：在称谓上表明了父系和母系，在称谓上表明了性别，在称谓上表明了父系男方亲属的长幼。

家庭亲友之间在交往中彼此尊重，在称谓上经常使用敬称和谦称。敬称是用敬语称呼对方或对方的亲属，常用字有"令""尊""贤""仁"等；谦称是用谦语称呼自己或自己的亲属，常用字有"家""舍""小""愚"等。

二、孝敬尊重长辈

父母养育了我们，给了我们一个温暖的家，让我们在这个家中快乐地成长，我们应该感恩父母，回报父母。

（一）听从父母教诲

子女应该虚心接受父母的教诲，并努力按照父母的要求去做。即使父母的批评过于严厉，或者说错了，委屈了自己，也不应辩驳、吵闹，甚至顶撞。父母有不对的地方，子女可以指出，但要讲究方法，要用尊敬、诚恳、委婉的语言指出父母不对的地方，平心静气地和父母交流。

（二）对父母要有礼貌

外出时要和父母道别，告诉父母自己的去向和大约回来的时间；回到家要先向父母问好；用餐时，先让父母入座，替父母盛好饭菜，先请父母品尝；逢年过节时，先要向父母问安；生日喜庆时，应向父母表示祝贺；等等。

（三）体贴照顾父母

一方面是要在生活上体贴照顾父母。子女要自觉培养独立生活的能力，力所能及地分担一些家务劳动，以减轻父母的负担。子女要体谅父母的艰辛，不要向父母提出超出家庭承受力的不合理要求。另一方面要在感情上理解父母。父母若情绪不好，子女要善解父母之意，尽力帮助他们排解苦闷，化除郁结；父母若身体不适，子女更应尽心尽力地照顾他们的饮食起居。子女若与父母异地而居或结婚后独立生活，也要经常打电话问候，尽可能常回家看望父母。

📖 **阅读材料**

捐肾救母

2004年9月30日，上海复旦大学附属中山医院给一对母子做了一个非常特殊的手术：医生先从年仅38岁的儿子身上摘取一个鲜活的肾脏，然后移植到身患绝症、年过花甲的母亲体内。

这个令人称颂的孝子叫田世国，山东枣庄薛城人。在母亲因身患尿毒症而痛不欲生的关键时刻，他毅然决定捐肾救母。为了不给年迈的母亲增加心理压力，他说通亲属和医院，煞费苦心地导演了一个不让母亲知道真相的救母"骗局"，成功地实现了拯救母亲的愿望。

情景表演

分小组表演一个小场景，表现子女对父母的礼仪。

三、礼让同辈

一个家庭是否幸福，兄弟姐妹的和睦相处起着非常重要的作用。作为哥哥姐姐，应该时时以身作则，努力成为父母的得力助手；作为弟弟妹妹，则要尊重哥哥姐姐。

无论是自家兄弟姐妹还是亲戚家的兄弟姐妹，都要一视同仁、以诚相待，营造和谐、融洽的家庭氛围。

名人名言

礼让不费什么，而得到一切。

——蒙塔鸠

---

1. 加强团结

与同辈的亲属要搞好团结，一要讲究宽厚，二要注意谦让。

（1）宽厚。兄弟姐妹之间相处，不要事事争强好胜，进行不必要的攀比，致使"兄弟阋墙"。

（2）谦让。兄弟姐妹之间相处，谦让是一种难能可贵的美德。同辈亲属之间往往会涉及一些经济利益问题，如果相互之间都能有主动谦让的态度，就能减少很多家庭矛盾，让家庭更和谐、更温暖。

阅读材料

孔融让梨

东汉时期，有个叫孔融的孩子，十分聪明懂事。孔融有五个哥哥，一个弟弟，兄弟七人相处得十分融洽。

一日，孔融的父亲将一盘梨放在桌子上，让孩子们吃。哥哥们就让孔融和最小的弟弟先拿。

孔融看了看盘子中的梨，发现梨子有大有小。他不挑好的，不拣大的，只拿了一个最小的梨子，津津有味地吃了起来。父亲看见了，故意问："盘子里这么多的梨，你为什么不拿大的，只拿一个最小的呢？"

孔融回答说："我年纪小，应该拿个最小的，大的应该留给哥哥吃。"

父亲接着问道："你弟弟不是比你还小吗？照你这么说，他应该拿最小的一个才对呀？"

孔融说："我比弟弟大，我是哥哥，我应该把大的留给弟弟吃。"

孔融让梨的故事，一代代流传下来，成为父母教育子女的经典故事。

2. 彼此照料

人们平时常常说"手足之情",以此来形容兄弟姐妹之间的相互关心是丝毫不过分的。兄弟姐妹之间彼此照料,应当落实于双方互爱、互助的实际行动之上。

(1)互爱。兄弟姐妹之间相互爱护,应当是无条件的、不图回报的。这种无私的爱护,既要体现在物质利益的支援方面,又要体现在精神情感的沟通方面。对于来自兄弟姐妹的爱护,要懂得感恩,不要将对方的爱护,尤其是出于爱护目的所进行的批评、指责视为一种负担。

听一听

欣赏《众人划桨开大船》这首歌,体会兄弟姐妹间互帮互助的思想感情。

(2)互助。兄弟姐妹之间互帮互助,第一体现在日常生活上,相互提携,共同创造美好幸福的生活;第二体现在工作上;能者多劳,弱者得助,尽力而为,共同发展;第三体现在情感上,遇到对外人难以诉说的苦恼,不妨跟兄弟姐妹多聊一聊。

做一做

在家庭中,你与兄弟姐妹的关系是什么样的?学习了本课以后,你有哪些启发?

学以致用

【多棱镜】

"啃老族"指的是已成年、有谋生能力,但仍依靠父母生存的年轻人。专家指出,家庭教育模式和就业压力成为诱发这一现象的主要原因。网上开展了一次对青年人"啃老"现象的调查,有10万名网友参与,70%以上的人认为身边存在"啃老"现象。

思考:针对当今的"啃老"现象,说说你的看法。

【对照与反思】

你做到了哪些?请在后面的括号里画"√"。

1. 尊敬孝顺父母,虚心听取父母的教导,受到批评时认真听、虚心改。(   )

2. 帮助父母承担家务劳动,做一些力所能及的事。(   )

3. 自己料理个人的生活,不给父母增加负担。(   )

4. 经常回家探望父母,经常打电话问候。(   )

5. 父母生日的时候，为他们准备小礼物，一家人吃饭、庆祝。（　　）

6. 出入向父母打招呼，行踪去向主动告诉父母，不让父母担忧。（　　）

7. 父母回家主动接过所提之物，并倒一杯热茶。（　　）

8. 珍惜父母的劳动，生活节俭，不乱花钱。（　　）

10. 不争抢兄弟姐妹喜欢的东西。（　　）

10. 主动帮助弟弟妹妹学习。（　　）

11. 替父母分担，主动照顾弟弟妹妹的生活。（　　）

12. 关心兄弟姐妹的感受，愿意倾听兄弟姐妹的烦恼，安慰陪伴他们。（　　）

13. 虚心接受兄弟姐妹的批评。（　　）

【复习巩固】

1. 子女应如何尊敬长辈？

2. 兄弟姐妹应如何礼让同辈？

【传播文明】

拍摄生活中尊重老人的照片，地点不限，配上音乐、文字，制作 PPT，在班里播放，评出最感人奖、最唯美奖。

第二节　邻里礼仪

听听说说

和同桌分享你家和邻居的故事。

邻里之间团结互助，和睦相处，不仅能够使人在生活上得到别人的及时帮助，拥有一个心情舒畅的居住环境，也有利于促进社会和谐安定。邻里交往关系具有以下特点：交往关系密切、交往关系稳定、存在共同利益、容易出现矛盾、影响家庭内部关系等。因此，每个家庭，都必须认真对待并努力处理好邻里之间的关系。

一、尊重邻里

与邻里相处，最重要的是相互尊重。对邻里要一视同仁，切不可有贵贱、厚薄之分。晨夕相见要热情打招呼，特别要尊敬邻居家的老人，爱护邻居家的孩子。遇上公益活动，如打扫卫生、美化环境、维护安全等，应不计得失，抢在前头，力所能及地为邻里服务。有些人采取"关门主义"，对左邻右舍不理不睬；还有的人喜欢说东家长西家短，这都是失礼行为，是不尊重邻里的表现。正确的做法是，以礼相见，真诚相待。

二、宽容相待

日常生活中的琐事较多，少不了要打扰别人或麻烦别人，也少不了利害冲突。正确的做法是要宽容、谅解。

（一）严于律己

要处理好邻里关系，首先必须从自己做起，严格要求自己。邻里之间在空间上十分接近，有些看起来是自己家的事，也会影响到邻家的利益。比如入夜以后，进出住宅不可大声喧哗；使用音响设备时，要掌握适宜的音量，以免影响邻居休息；楼上的住户走动或移动家具要轻，以免影响楼下的邻居；在阳台上浇花、晾晒衣物时，要注意不可将水滴洒到楼下等。

（二）宽以待人

如果邻居家有些事情影响到自家的利益，也不应当火冒三丈，或强加拦阻，而应心平气和地同邻居商量，讲清自己的意见，听听邻居的看法。对于邻居不合理的要求和做法，要采取有理、有节的态度，合理、妥善地处理。即使邻居做错了，也要给对方考虑和改变的时间，切不可自恃有理，致使矛盾激化。总之，与邻里之间有了矛盾或误会，要主动沟通协调，心平气和地解决，以和为贵，许多矛盾都会迎刃而解。

阅读材料

"六尺巷"的故事

河南省鹿邑县城内有个仁让街，这与明朝宣德年间给事中王尧日的一个故事有关。一年，王家与邻居张家为一墙宽的宅基地发生了纠纷，互不相让。王家派家人进京搬有权有势的王尧日。王尧日听罢家人叙述，随即回书一封。信的大意是：官大一品不压乡邻，白事你去吊，红事你去贺，不骑马，不坐轿。最后赋诗一首："千里捎书为一墙，让他三尺又何妨；万里长城依然在，不见当年秦始皇。"王家读信后很受启发，遂后退三尺。张家看有权势的王家主动让他，感其义，也后退三尺，便形成了"六尺巷"。

三、真诚帮助

"赠人玫瑰，手有余香"，邻里之间要和睦相处、真诚相助。邻居家有病人，要主动探望问候；邻居遇到危险或困难，要勇于出面相助；邻居家有喜庆之事，要到场祝贺。同时，邻里之间还要讲信用，做不到的事情千万不要夸下海口。特别是对老年邻居更应主动关心，帮助他们干些体力活，共同建立和谐的邻里关系。

四、亲疏有度

邻里之间免不了相互串串门、聊聊天，但是来往一定要有度，要讲究分寸。"互不干涉内政"是邻里交往的尺度。掌握这个尺度，不但不会限制邻里友谊，还会使这种友谊健康发展。

总之，与邻里相处要以他人利益为重，相互间真诚相待。只有这样，才能营造良好的邻里生活氛围，使我们的生活更加和谐、美满。

故事接龙

　　一组同学用表演的方式创设情境——邻里之间发生矛盾，另一组同学根据情境续接故事进行表演，完美解决矛盾。

学以致用

【活学活用】

试着排演相声节目《远亲不如近邻》。

【思考与练习】

　　刚结婚的刘伟和张丽每到周末就在家里举办舞会，音乐声音开得很大，严重影响了周围居民的正常生活，住在楼下的王先生更是苦不堪言，致使邻里关系很紧张。结合所学知识，谈谈生活中应如何营造融洽的邻里关系。

【对照与反思】

1. 你见到邻居会主动打招呼吗？
2. 邻居携带过多的物品上下楼时，你是否帮助提拿？
3. 邻居家有新生的宝宝，夜里哭闹，你是否体谅理解？
4. 房屋装修之前，你是否和邻居商量，避开邻居休息时间？
5. 你是否积极参与社区活动？

第三节 待客与做客礼仪

"有朋自远方来，不亦乐乎"，中国人好客的习惯已经沿袭了几千年。待客礼仪就是主人接待客人时的礼貌礼节。礼貌待客既能使客人感到亲切、自然，也会使主人显得有情、有礼。

一、待客礼仪

（一）精心准备

主人待客应仪容整洁，自然大方。蓬头垢面或服装随意是对客人的不尊重。为表示对客人的尊敬和礼貌，在客人到来之前，主人应做好各方面的准备。

1. 布置接待环境

要把接待客人的房间布置得整洁、明亮，营造良好的待客环境，让客人一进门就感到家的洁净和温馨。

阅读材料

一屋不扫，何以扫天下

东汉时有位少年名叫陈蕃，独居一室而庭院龌龊不堪。他父亲的朋友薛勤到他家做客，看到这种情况就批评说："孺子何不洒扫以待宾？"

陈蕃回答说："大丈夫处世，当扫除天下，安事一屋？"

薛勤当即针锋相对，反问："一屋不扫，何以扫天下？"

2. 准备接待物品

招待客人的茶具、茶杯以及水果、小吃等要事先准备好。如果是同学来做客，还可以准备一些共同喜欢的娱乐用品。

（二）真诚迎接

"出迎三步，身送七步"，这是我国迎送客人的传统礼仪。主人应在客人到来之前，

56

提前出门迎接。如果客人是远道而来，还应主动到车站、码头或机场迎接。如果对客人不熟悉，为方便辨认，应该准备好写有客人姓名的接站牌。对于经常来做客的朋友，即使不用出门迎接，也应在其到来之时起身相迎。

阅读材料

张松献图

三国时，张松代表西川的刘璋向曹操进献西川地图。张松拜见曹操，等候了三日，方得以通报姓名，曹操认为"松又何能"，并不以礼相迎，反倒乱棒打出。

张松在回西川路的上，刘备派赵云远远迎接他，在驿门外关羽又来迎接他，次日，"玄德引着伏龙凤雏亲自来接，遥见张松，早先下马等候"。刘备送张松时又深情厚谊，礼节极尽隆重。张松感动之极，遂献上西川地图，才使刘备有可能占领西川。

（三）热情待客

客人到达后，应尽快请入室内，不可在门口长谈。客人进屋后，应礼貌让座，及时敬茶，端糖果。

若是朋友初次来访，要向父母介绍，并把自己的父母也介绍给朋友。若是长辈来访，更应彬彬有礼，周到招待，敬茶需用双手端送。如果是父母、姐妹的朋友、同事来访，也要礼貌招呼，并适时回避。

陪客聊天要主动、热情，选择对方感兴趣的话题，不要当面打瞌睡、看表，或表现得不耐烦。

如果客人突然造访，也要尽快整理一下房间，并对客人表示歉意。也许有些来访者并不是主人欢迎的对象，但就礼仪而言，来者都是客，主人不能将客人拒之门外或下逐客令，而必须采取一些合乎礼节的做法，尽快了解客人来访的目的，见机行事，妥善处理。

相关链接

敬茶的礼节

中国作为礼仪之邦，无论贫富，只要家里有客人，必以茶待客以示对客人的重视。

敬茶有讲究：一要洗净茶具，二忌用手抓茶。冲茶时水至茶具的 2/3～3/4，也就是"浅茶满酒"。茶杯无论有无柄，端茶一定要在下面加托盘。敬茶时应面带微笑，双手托盘，至客人面前，躬身说"请用茶"。客人应起立说声"谢谢"，并用双手接过茶杯。

主人陪伴客人饮茶时，要留心观察，当客人喝去半杯茶时即应添加开水。饮茶中，也可适当佐以糖果、点心等。

（四）周到答谢

对带礼物的客人在送客时应再次表示谢意，如果事先有所准备，应相应地回谢一些礼物。对于客人带来的礼物，一般要等客人走后才可以打开，也可以当着客人的面打开，并用适当的语言表达对礼物的喜爱和对客人的感谢。

（五）礼貌送客

送客是接待客人的最后一个环节，如果处理不好将影响到待客的效果。送客礼节，重在送出一份友情。客人辞行时应礼貌挽留，但不可强留。客人提出告辞后应等其先起身，自己再起身相送，否则会有逐客之嫌。

送客时应一一与客人握手道别，并送至门外或车站。如果天气有变，要主动拿出雨具或衣服给客人。对待长辈和年老体弱的老人，还应视情况需要，帮助其下楼上车，再与之道别。对远道而来的客人，要事先为其买好车票。

练一练

设置家庭接待来客的场景，练习接待客人时的语言、仪态、表情，培养规范的待客礼仪。

阅读材料

周总理送行

1962年，周恩来总理到西郊机场为西哈努克亲王和夫人送行。亲王的飞机刚起飞，我国参加欢送的人群便自行散开，各自找车准备返回，而此时，周恩来总理依然笔直地站在原地未动，并要工作人员立即把那些登车的同志请回来。

这次周总理发了脾气，严厉地批评道："你们怎么搞的？没有一点礼貌！各国外交使节还在那里，飞机还没有飞远，客人还没有走，你们倒先走了。"

当天下午，周总理就把外交部礼宾司和国务院机关事务管理局的负责同志找去，要他们立即在《礼宾工作条例》上加上一条，即今后到机场为贵宾送行，须等到飞机起飞，绕场一周，双翼摆动三次表示谢意后，送行者方可离开。

名人名言

礼貌使有礼貌的人喜悦，也使那些受人以礼貌相待的人们喜悦。

——孟德斯鸠

二、做客礼仪

中国历来讲究礼尚往来，现实生活中每个人都会走亲访友，做客是加深感情和增进友谊的主要方式之一。

做客的礼仪是指作为客人在主人家应遵循的礼貌礼节及相关礼仪规范。懂得做客的礼仪会受到主人的尊敬和热情接待，人际关系也会更加和谐。

（一）拜访前的礼仪

首先要注意着装。为表示对主人的尊重，客人仪表应整洁、大方，注意着装细节，不要穿得太随意。其次应提前约定时间。告诉主人拜访的人数和目的，尽量避开用餐、休息时间，以不干扰主人的生活与休息为原则。忌做不速之客，如确需临时造访或推迟拜访，应征得主人同意并表示歉意。

（二）做客中的礼仪

即使房门大开，也不可直接进入屋内，应有礼貌地敲门。用食指间隔有序地敲三下，等待回音；主人没有回音的话可稍加力度再敲三下。

见到主人应立即问候，进门后将自己的帽子、大衣、手套、雨具等交给主人处理，并主动要求换拖鞋，接着奉上准备的礼物。

进屋后有礼貌地向主人的家人或其他客人致以问候。若主人较自己年长或是自己的上级，要等主人落座后方可就座。接受主人让座后要有礼貌地道谢，再采用适宜的坐姿入座。

当主人端上糖果、糕点、茶水时，应先道谢，等年长者或其他客人取用后再取用。尊重主人的习惯，不乱放果皮等垃圾。

做客时，坐姿要注意适当和自然；不经主人允许，不要随意乱逛、乱翻、乱动摆设和物品，更不能随意开抽屉、柜子、冰箱等。

（三）辞别礼仪

掌握好交谈时间，适时告辞，并向主人表达谢意。出门后应及时回头，请主人留步。

练一练

设置到别人家做客的场景，练习做客前的准备、做客中的礼仪和辞别的礼仪。

相关链接

馈赠礼仪

得体的馈赠，恰似无声的使者，使交际活动锦上添花，也给人们的感情和友谊注入新的活力。

1. 轻重原则。礼轻情意重，礼品的贵贱与其价值并不成正比。因为礼物是人们情感的寄托物，物有价而人情无价。一般情况下，我们既要注重礼轻情意重，又要入乡随俗地来选择礼物。

2. 时机原则。就馈赠的时机而言，及时适宜是最重要的。中国人很讲究"雨中送伞""雪中送炭"，即注重送礼的时效性。因为只有在最需要时得到的才是最珍贵的，才是最难忘的。我国是一个节日较多的国家，在传统节日相互赠送相应的礼品，会使双方感情更加融洽。另外，在对方的某些纪念日赠送礼品也会起到很好的效果。因此，要注意把握好馈赠的时机。

3. 效用性原则。就礼品本身的实用价值而言，人们经济状况不同，文化程度不同，追求不同，对于礼品的实用性要求也就不同，应视受礼者的物质生活水平，有针对性地选择礼品。

4. 投好避忌的原则。由于民族、生活习惯、生活经历、宗教信仰以及性格、爱好的不同，不同的人对同一礼品的态度是不同的，或喜爱，或忌讳，或厌恶。因此，要把握投其所好、避其禁忌的原则。

学以致用

【思考与训练】

1. 待客前主人应做哪些准备？
2. 做客时应注意哪些礼仪？

【多棱镜】

明末著名画家徐渭家里很穷，没米下锅的时候，就跑到亲戚朋友家里去，赖着不走。有一次，适逢春雨绵绵，他所寄食的那户人家十分厌烦。有一天，主人看到徐渭上厕所去了，就在墙壁上题了一行字，委婉地下了逐客令："下雨天留客天留人不留。"

徐渭回来，看到那行字，心里自然明白，但是他不但不走，还笑嘻嘻道："既然你这样盛情留我，我就再住下去吧！"说着，提起笔来，给这行字作了圈点："下雨天，留客天。留人不？留。"

　　思考：结合本课所学的待客与做客礼仪，说说故事中"主人"和"客人"的做法有哪些不妥之处。

【对照与反思】

请对照下面的问题反思自己的行为。

1. 面对同学的突然来访，你该怎样招待？

2. 客人来了，你是否曾经什么都没准备？

3. 你会不预约而到别人家做客吗？

4. 做客时，你会不经主人允许到各个房间去看吗？

第四节　中国传统节日礼仪

传统节日的形成过程是一个民族或国家历史文化长期积淀凝聚的过程。我国的节日习俗是我们祖先在长期社会生活过程中，为适应生活和生产的各种需要创造出来，并经过不断发展而传承下来的风俗习惯。

中国传统节日多种多样，是我国悠久历史文化的一个重要组成部分。从远古先民时期发展而来的中华传统节日，清晰地记录着中华民族丰富多彩的社会生活文化内容。中国的传统节日有除夕（大年三十）、春节（正月初一）、元宵节（正月十五）、清明节（4月5日）、端午节（农历五月初五）、七夕节（农历七月初七）、中秋节（农历八月十五）、重阳节（农历九月初九）、腊八节（农历十二月初八）等。

此外，我国各少数民族也都保留着自己的传统节日，诸如傣族的泼水节、蒙古族的那达慕大会、彝族的火把节、瑶族的达努节、白族的三月街、壮族的歌圩、藏族的藏历年和望果节、苗族的跳花节等。

一、春节

春节是我国民间传统中最为隆重和盛大的节日，代表着新的开始与新的希望。历朝历代，无论是达官显贵还是平民百姓，所有的中国人都把春节看作是喜庆团聚的日子。

过年的起源

关于年的起源，除了史书上的记载，还流传着不少有趣的传说故事。其中，流传得比较广泛的是一则关于人们齐心协力共同抵御年的故事。

相传古时候，有一种头如狮子、身如壮牛的凶恶怪兽年，到了冬天山中食物稀少了，便要闯进村子，见人伤人，见畜伤畜。因此一到冬天，人人惊恐，村村不安。大伙儿只得搬到远远的地方去逃避年的伤害。时间长了，人们发现年虽凶猛，却害怕三样东西：一是鲜红的颜色，二是明亮的火光，三是巨大的声响。于是大家商量，只要家家都具备这三样东西，年就一定不敢进村了。到了冬天，凶恶的年快要进村侵扰了，村里的人相互约定，家家户户的门上都挂上用红色涂抹的大木板，门口烧着旺旺的火堆，夜里大家都不睡觉，在家里敲敲打打，到处发出巨大的声响。夜深了，年窜到村口，只见处处红色，处处光亮，加上巨响阵阵，十分害怕，掉头躲进山里，再不敢出来危害村民和牲口了。第二天清早，全村的人聚在一起，为驱逐年获得的胜利而互相祝贺道喜。

每到冬天，人们总是忘不了往年防御年进村侵袭的日子，家家户户挂上红色木板，点着火堆，通宵敲敲打打，第二天相互道喜，欢庆平安。这样代代相传，过年的习俗就形成了。

据民间习俗，从腊月二十四起到正月十五闹元宵止，都称春节。现在春节的庆祝活动一般从大年三十（二十九）开始。春节期间，家家户户清扫一新，贴春联、贴年画、守岁、拜年等活动丰富多彩。

扫尘：从农历腊月二十三日起到除夕止，我国民间把这段时间叫作"迎春日"，也叫"扫尘日"。扫尘就是年终大扫除，北方称"扫房"，南方叫"掸尘"。每逢春节来临，家家户户都要打扫卫生，清洗各种器具，拆洗被褥窗帘，洒扫六间庭院，掸拂尘垢蛛网，疏浚明渠暗沟，到处洋溢着欢欢喜喜搞卫生、干干净净迎新春的气氛。

办年货：一到腊月，人们都要上街采办过年的物品，买年画，准备过年的春联。

吃团年饭：团年饭意为一家团圆。腊月的最后一天要全家团聚吃一

63

顿丰盛的年夜饭。凡在外地工作或学习的家人都会尽可能赶回家团聚。这顿饭要吃得欢欢乐乐，菜肴吃食也具有吉利的象征意义，如鱼（年年有余）、整鸡（大吉大利）、青菜（清洁平安）、年糕（步步高升）等。

守岁：除夕之夜，灯火通明，家人围坐一起畅谈，长辈要将事先准备好的压岁钱分给晚辈，"岁"与"祟"谐音，晚辈得到压岁钱就可以平平安安度过一岁。除夕之夜，在我国北方，家家户户都要包饺子。

鞭炮迎新："爆竹一声除旧，桃符万户更新。"古代燃放鞭炮是为了驱鬼祛邪，如今则是为了增添节日气氛。

拜年：新年伊始，人们走亲访友，登门拜年互致节日祝贺，联络感情。

过年时，招待宾客的食物也有讲究，通常以谐音讨口彩，比如吃柿子苹果，喻义事事平安，吃年糕则意味着年年高升。

春节期间，人们还经常走上街头，参加舞狮子、耍龙灯、踩高跷、逛花会等娱乐项目。

二、元宵节

农历正月十五是一年中第一个月圆之夜，叫元宵节，又称"上元节"。自唐朝开始，民间就有元宵之夜观灯的风俗。

吃元宵是元宵节最主要的活动。古时候人们把元宵这种食品叫汤圆、汤团或团子。元宵的形状是圆形，象征着团圆、美满、吉祥、和睦。

一般从正月初十开始，家家户户扎花灯、点花灯，特别是到了元宵节的傍晚时分，更是举烛张灯，结彩为戏，供人观赏，所以元宵节又称"灯节"。在明清时，花灯的样式最为繁多，数不胜数。

三、清明节

清明节与端午节、春节、中秋节并称为中国四大传统节日，一般是在公历 4 月 5 日左右。

清明节是最重要的祭祀节日之一，是祭祖和扫墓的日子。中国汉族传统的清明节大约始于周代，距今已有两千五百多年的历史。扫墓祭祖、踏青郊游是基本主题。

清明节的习俗除了讲究禁火、扫墓，还有踏青、荡秋千、蹴鞠、打马球、插柳等一系列风俗活动。相传这是因为寒食节要寒食禁火，为了防止寒食冷餐伤身，所以来参加一些体育活动，锻炼身体。因此，这个节日中既有祭扫新坟生离死别的悲酸泪，又有踏青游玩的欢笑声，是一个富有特色的节日。

清明节的传说

春秋时期，晋公子重耳为逃避迫害而流亡国外。流亡途中，在一处渺无人烟的地方，他又累又饿，再也无力站起来。随臣找了半天也找不到一点吃的。随臣介子推走到僻静处，从自己的大腿上割下了一块肉，煮了一碗肉汤给重耳喝，才使他渐渐恢复了精神。当重耳发现肉是介子推从自己腿上割下来的时候，感动得流下了眼泪。

十九年后，重耳做了国君，也就是历史上的晋文公。即位后，文公重赏了当年伴随他流亡的功臣，唯独忘了介子推。很多人为介子推鸣不平，劝他面君讨赏，而介子推最鄙视那些争功讨赏的人。他打好行装，便带着母亲悄悄到绵山隐居去了。

晋文公听说后，羞愧莫及，亲自带人去请介子推。绵山山高路险，树木茂密，找寻两个人谈何容易！有人献计，从三面火烧绵山，逼出介子推。大火烧遍绵山，却没见介子推的身影。火熄后，人们才发现介子推背着老母亲已烧死在一棵老柳树下。树洞里有一封血书，写道："割肉奉君尽丹心，但愿主公常清明。"晋文公见状，恸哭不已。为纪念介子推，晋文公下令将这一天定为寒食节。

第二年，晋文公率众臣登山祭奠，发现老柳树死而复活，便赐老柳树为"清明柳"，并晓谕天下，把寒食节的后一天定为清明节。

四、端午节

农历五月初五为端午节，又称端阳节。相传爱国诗人屈原在农历五月初五这天怀抱石头投汨罗江自尽，两岸百姓知道后，纷纷划船打捞他的尸体，并向江中投放粽子，使鱼虾饱食后不吃他的尸体。此传说历代沿袭下来，演变成如今端午节吃粽子、赛龙舟的习俗。端午节的习俗还有：

挂菖蒲、艾叶：民间特别是农村家庭，门窗上要挂菖蒲、艾叶，用以驱鬼辟邪保平安。虽然这是迷信，但因艾叶、菖蒲具有杀虫、驱寒、消毒之用，故这一习俗一直流传下来。

吃粽子：端午节吃粽子是我国民间长久盛行的习俗。早在1300多年前的唐朝，吃粽子已经很流行。

赛龙舟：当时楚人因舍不得贤臣屈原死去，便划船追赶拯救，借划龙舟驱散江中之鱼，后来演变为赛龙舟。

佩香囊：端午节时小孩佩香囊，不但有避邪驱瘟之意，而且有襟头点缀之风。香囊内有朱砂、雄黄、香药，外包以丝布，清香四溢，再以五色丝线弦扣成索，做成各种不同的形状，结成一串，形形色色，玲珑夺目。

五、七夕节

每年农历七月初七是中国的传统节日七夕节。七夕节始于中国汉朝。相传，这天晚上，天上的织女与牛郎会在鹊桥相会。相传农历七月七日夜，妇女在庭院向织女星乞求智巧，故称为"乞巧"。其起源于对自然的崇拜及妇女穿针乞巧，后被赋予牛郎织女的传说，使其成为象征爱情的节日。

六、中秋节

农历八月正好在秋季的中间，古人谓"仲秋"，八月十五又在"仲秋"之中，所以称"中秋"。恰逢此日又与月有关，中秋节就有了许多别称："八月节""八月半""月节""月夕"，继而引申为以圆月为象征的"团圆节"。人们邀请亲朋好友，夜饮玩月。

中秋节晚上，我国大部分地区有烙"团圆"的习俗，即烙一种象征团圆、类似月亮的小饼，即"月饼"。饼内包糖、芝麻、桂花和蔬菜等，外压月亮、桂树、兔子等图案。祭月之后，由家中长者将饼按人数分切成块，每人一块，表示阖家团圆。

七、重阳节

农历九月九日是我国传统节日重阳节，又名重九节、登高节、菊花节、茱萸节。我国古代把九定为阳数，农历九月九日，月日并阳，两阳相重，两九相叠，故名"重阳"，又名"重九"。

每到这一天，人们出游登高，赏菊花，饮菊花酒，佩茱萸，吃重阳糕。时至今日，一些地区仍保存着这种风俗。如今，重阳节又被定为"敬老节"，向老年人表达敬意之情并帮助他们解决困难等。

八、冬至与腊八

冬至是我国的一个重要节气，时间是 12 月 22 日或 23 日。过了冬至，我国大部分地区将进入最寒冷的时期。俗话说："冬至大如年。"古代，这一天有祭天、祭祖、拜贺、食百味馄饨等习俗。

腊八为腊月初八，有吃腊八粥的风俗。

> **忆一忆**
>
> 共同回忆并背诵与中国传统节日相关的古诗，如王安石的《元日》、杜牧的《清明》、王维的《九月九日忆山东兄弟》等。

婚丧礼仪

在中国传统婚姻礼仪中，结婚时要贴红对联，戴红花，新郎新娘要披红挂彩，故称为"红事"。人死了，其子孙要披麻戴孝，一律用白布，故称为"白事"。红白喜事的操办因各民族风俗的不同而异。

1. 婚姻习俗。我国婚姻习俗有几千年悠久历史，特别是经过封建时代的演变与丰富，形成一整套婚俗规范。我国由于民族众多且社会发展不平衡，形成了众多的婚俗形式，有些婚俗至今都还存在一定影响。就我国的婚俗现状来看，目前至少有以下几种礼仪，即求婚、合婚、相亲、订婚（过小节）、完聘（过大节）、定婚期、迎娶、拜堂、婚宴、合卺、闹房、归宁。这些礼仪综合起来构成了完整的婚礼。

2. 丧葬习俗。人死为丧，为死者举行一定的安葬仪式称为葬。丧葬礼简称丧礼、葬礼。丧礼的程序一般有停、奔丧、挂孝、坐夜（守灵）、入殓、吊孝、出殡。葬礼有集体葬、合葬、迁葬、蒿葬、水葬、风葬、悬棺、洞穴葬、火葬、土葬、天葬等。现代丧葬礼仪有下面一些具体礼节：成立治丧组织、发讣告、赠挽联、唱挽歌、献花圈、戴黑纱白花、守灵、向遗体告别、开追悼会、致悼词等。

【看图说话】

根据传统节日图片，说说图片中的节日礼仪风俗。

【知识拓展】

上网查阅并与同学交流。

1. 著名大儒朱熹撰写的《家礼》一书。

2. 傣族的泼水节、蒙古族的那达慕大会、彝族的火把节、瑶族的达努节、白族的三月街、壮族的歌圩、藏族的藏历年和望果节、苗族的跳花节等礼俗。

3. 某些外国节日习俗，如情人节、圣诞节等。

【头脑风暴】

判断对错，在题后的括号里画"√"或"×"。

1. 中国四大传统节日是春节、清明节、中秋节、重阳节。（　　）

2. 春节期间的主要活动按顺序为扫尘、办年货、守岁、吃团圆饭、拜年。（　　）

3. 清明节是每年的 4 月 5 日。（　　）

4. 一年之中第一个月圆之夜是八月十五，又称中秋节。（　　）

5. 在古代的传说中，"年"是一种凶恶的怪兽。（　　）

6. 元宵节吃汤圆，是"灯节"，也是"团圆节"。（　　）

7. 端午节吃粽子的习俗是人们为了纪念爱国诗人屈原在农历五月初五这天投汨罗江自尽而设立的。（　　）

8. 清明节的主要习俗有扫墓、踏青、荡秋千、蹴鞠等。（　　）

9. 重阳节又名登高节。（　　）

10. 冬至跟清明一样，也是一个祭祀的节日。（　　）

单元总复习

【温故知新】

1. 子女应如何尊重父母长辈？

2. 如何做到礼让同辈？

3. 待客与做客的礼仪有哪些？

4. 邻里之间的礼仪规范是什么？

【欢聚一堂】

以班为单位，通过小品、相声、演唱、演讲、朗诵古诗等表演形式表现本单元所学礼仪知识，评出最佳节目奖五名。

【理实一体】

设置不同场景，训练拜贺庆吊礼仪、饮食礼仪、见面礼仪、坐卧礼仪、行走礼仪、语言礼仪。通过实训提高在家庭中的礼仪规范，增进家庭和谐氛围。

【知行合一】

用家庭礼仪规范自己的言行，提高个人的修养，礼貌称呼、尊敬父母、礼让同辈、团结邻里，正确待客做客，知晓节日习俗，成为一个明礼、守礼的人。

第四单元　校园礼仪

　　人生中最美好、最绚丽的时光往往是在校园中度过的。在校园生活中，人与人之间的关系是最单纯、最美好的。然而，即使是这样单纯朴素的人际关系，也同样需要细心呵护。掌握学校礼仪，可以帮助我们与老师和同学建立良好的关系。

【学习目标】

1. 掌握课堂礼仪基本规范，自觉维护课堂教学秩序。
2. 明确师生、同学相处的礼仪，融洽校园人际关系。
3. 熟练运用校园活动礼仪，参与各种活动。
4. 明晰校园生活礼仪，文明就餐、就寝。

　　"不学礼，无以立。"校园是传承民族文化、弘扬民族精神的重要阵地。校园礼仪是创建文明校园的有效载体，对提高师生的文明水平、树立学校的良好社会形象、促进社会主义精神文明建设等发挥着积极的作用。

第一节　课堂礼仪

> **听听唱唱**
>
> 欣赏歌曲《校园的早上》《菁菁校园》。

课堂是教师传授知识，学生获取知识、技能，师生双向交流的主要场所。融洽、和谐的课堂气氛是提高教学质量和课堂效率，完成教学任务，达成教学目标的重要保证。师生共同创造和维护良好的教学环境，是课堂礼仪的出发点和目的。

一、室内课礼仪

（一）师生问候礼仪

1. 上课师生致意礼

预备铃响后，学生陆续走进教室，做好上课的准备。上课铃响后，老师走上讲台。班长喊"起立"，全班学生起立，面对老师站好，目光注视老师，集体问

"老师好"。老师还以鞠躬礼，说："同学们好！请坐！"学生起立、坐下时，避免发出很大的声响，入座动作要轻、稳，坐姿要端正。

下课师生致意礼

课铃响，老师宣布"下课"，班长喊"起立"，全班学生起立，面对老师站好，老师，行起立礼和注目礼。老师说："同学们再见！"学生集体回礼："老师再师您辛苦了！"老师鞠躬还礼，请学生入座。老师离开后，学生方可自由活室时，学生应主动为老师开门，请老师先行离开，并帮助老师送回教具。

练一练

上课、下课师生问候礼仪。

1. 整理课桌，调整好桌椅距离。

2. 集体起立，避免发出大的声响。

3. 上课时和老师互相问好。

4. 下课时与老师互相告别。

5. 集体落座，避免发出大的声响。

（二）课堂学习礼仪

1. 上课迟到时的礼仪

如果学生因故迟到，应在教室门口停下，喊"报告"，得到老师允许后，方可进入。切忌不打招呼，直接闯入。进入教室后，要主动向老师说明迟到原因，并向老师及全班同学致歉，得到谅解和允许后，应迅速回到座位坐好，动作要轻，不可与周围同学说话。

2. 自觉维护课堂秩序

上课时学生应精神饱满，坐姿端正，认真听讲，注意力集中，独立思考。重要的内容应做好笔记，自觉维护良好的课堂秩序。

上课时要关闭手机，课堂上不能睡觉、谈话、随便下位、吃东西、听音乐等，这些不文明行为会干扰老师讲课和同学们听课，也是对老师劳动的不尊重。

练一练

上课迟到时的礼仪。

3. 提问与回答时的礼仪

当老师讲解时，尽量不要打断。如确实需要提问或发言，应举手示意，得到允许后，方可讲话。当老师对所提问题进行解答时，应注视老师，认真聆听，以示尊重。

练一练

学生起立回答问题时的礼仪。

回答问题时，应起立，讲普通话，声音洪亮，表述清楚，让老师和全班同学都能听清。当其他同学回答问题时，不要打断、插话，有不同意见，应等别人回答完毕后，再示意发言。其他同学回答错误或者回答不上来的时候，切忌肆意嘲笑。

二、室外课礼仪

室外课是指在教学计划规定范围内，在教室以外的地方讲授的课程。对于职业学校来讲，这也是课堂教学的一种形式，主要包括体育活动课和实验、实训、实习课等。这种课由于要在操场、实验室、实习车间或实训场所等地进行，学生容易忽视礼仪细节。那么，室外课有什么礼仪要求呢？

1. 做好准备

上课前要先于老师到达，做好充分准备。熟悉本节课的学习目标、任务，准备好仪器、工具、材料。按照不同工种规定，做好必要的劳动防护，穿好隔离衣、工作服或防护服等。体育课的服装一定要合体，不要穿硬底鞋、塑料底鞋和皮鞋，口袋中也不要装有钥匙、小刀等硬物，以免出现意外。

2. 遵守纪律

上课时要服从指挥，听从安排，遵守纪律；必须熟记、理解并严格执行安全操作规程，明确具体操作步骤，做到举止严谨、规范；切忌不懂装懂、乱开乱关、盲目操作；既要关心自己，也要照顾别人；要理论联系实际，培养自己的职业意识，养成良好的职业习惯，勇于实践，并在实践中有所创新。

3. 请教协作

向老师请教时，要先向老师示意，等老师走到身边时，再进行询问，不应大声呼叫，影响他人。分工协作时，要相互商量，不拈轻怕重。

下课时，应清洁场所，清洗、整理工具。待老师检查无误后，方可离开。

学以致用

【知识问答】

学生在室内课堂要遵守哪些礼仪规范？

果堂上不遵守礼仪规范的行为有哪些？如何改正？

【分析】

面的事例，分析造成这一事故的原因，说说应怎样上好实验、实训、实

2000 年 9 月，某职业学校电子专业的学生正在上实训课，还未等老师交代清楚，学生刘某就用针去剜刚发到手的松香。不巧针被别断，崩进了同桌的眼中，造成重大事故。事后刘某悔恨地说："都是没有按照操作规程操作惹的祸。"

【对照反思】

请对照真实的自己，填写下表，并修正自己不妥的行为。

行为举止	是	否
老师上课很辛苦，我常常提醒同学们认真听课。		
上课累了，我习惯喝一口桌上的饮料。		
我常常在座位上参与回答，高声叫嚷。		
上课与同学窃窃私语、传递字条，很正常的。		
有同学回答问题错了，我会忍不住发笑。		
我认真记课堂笔记，是对老师上课最好的回应。		
我经常迟到，也不考虑进教室应该注意什么。		
我时常上课时取出镜子照一照。		
我喜欢上课时玩手机、发短信。		

第二节 师生礼仪

尊师是中华民族的传统美德。国人讲究"一日为师，终身为父"，作为深受老师教诲之恩的学生，在与老师相处的过程中应尊敬老师，尊重老师的劳动，维护老师的尊严，虚心接受老师的教育，严格遵循有关的礼仪规范。

名人名言

明师之恩，诚为过于天地，重于父母多矣。

——葛洪

阅读材料

程门立雪

北宋时期，福建将东县有个叫杨时的进士。他特别喜好钻研学问，到处寻师访友。

、程颐兄弟俩都是当时极有学问人。进士杨时为了丰富自己的学问，毅然放弃了

厚禄，跑到河南颖昌拜程颢为师，虚心求教。后来程颢死了，他自己也已 40 多

仍然立志求学，刻苦钻研，又跑到洛阳去拜程颢的弟弟程颐为师。

朋友游酢一块儿拜见程颐，正遇上程老先生闭目养神，坐着小睡。这时候，

下雪。两人求师心切，便恭恭敬敬侍立一旁，不言不动。其间，游酢实在冻

几次想叫醒程颐，都被杨时阻拦了。如此，等了大半天，程颐才慢慢睁开

时、游酢站在面前，吃了一惊，说道："你们两位还在这儿没走？"这时候，

已积了一尺多厚了。

程颐深受感动，更加尽心尽力教杨时。杨时不负重望，终于学有所成。后人便用"程门立雪"这个典故来赞扬那些求学师门、诚心专致、尊师重道的学子。

一、进出老师办公室礼仪

学生敲门或者喊"报告"，得到允许方可进入。老师请学生坐下，学生才可以坐下，并致谢；如果老师站着，学生则应该和老师一起站着，不可以自顾自地坐下。和老师说话，不论是站是坐，都应该姿势端正，目光专注，不可东张西望，不跷二郎腿或者抖腿。在办公室停留时间不宜过长，与老师交谈时要礼貌，不应随便翻动老师办公桌上的物品，或者随意浏览老师电脑里的文件等。离开时，要礼貌告辞，并随手关门。

情景模拟

进出老师办公室礼仪。

二、师生交往礼仪

在校园里，学生与老师相遇，应主动向老师鞠躬行礼，问候"老师好"。老师微笑点头回礼，说"你好"。

在门口、走廊、上下楼梯时和老师相遇，学生问好后，应侧身停留片刻，请老师先行。在校外与老师相遇时，学生向老师行礼问好后，让老师先行或主动给老师让座，随时随地表现出对老师的尊敬。

作为学生，应该尊重老师，无论关系多好，也不应该直呼老师的名字。学生对老师的相貌和衣着不应指指点点、评头品足，要尊重老师的人格和习惯。对学校里所有教职员工要一视同仁，礼貌相待。当不赞成老师的观点时，应婉转地表达自己的看法，如可以说"这个问题我一定认真考虑一下，不过我认为……"等。

老师家访，学生应热情迎接，主动向家长介绍老师，请老师入座，热情招待老师。当老师和家长交谈时，学生应暂时回避；当老师离开时，学生应热情送别。

做一做

1. 在走廊内遇到老师，问候、礼让老师。
2. 教师家访，学生接待并介绍老师。

中国传统的尊师礼俗

中国传统的尊师礼俗大致上可以分成拜师、侍师、敬师、报师、祭师几个方面。

拜师。古代学生入学，要行拜师礼。民国年间，在浙江湖州农村的一些私塾，儿童入学时，要穿新衣，由家长提着灯笼陪同入学，还要带一对红烛、一块红毡毯，备四式礼物（糯米圆子、粽子、酥糖、猪蹄）送给老师。老师要将一部分礼物分给其他学生。学生家长点红烛，让学生在红毡毯上下跪，行拜师礼。老师站在一侧答礼。

这种拜师礼还扩展到了各行各业。学徒拜师也要遵循一定的礼仪规范，选定吉日，正式行拜师礼。有的行业，学徒期满出师，也要举行隆重的出师礼。这些传统礼仪沿袭到今天，也就变成了学校的开学典礼和毕业典礼。

侍师，是指学生在学习期间对老师的侍奉。这种侍奉不仅仅指态度上的恭敬，还进一步发展到对老师生活起居的照料。《管子·弟子职》规定：从老师起床洗盥开始，到吃饭、夜晚入睡，学生都得在边上恭恭敬敬地侍奉，"朝益暮习，小心翼翼"。这种礼俗在某些行业中表现得尤为突出，比如旧时手工业工匠对待学徒，往往就会立下非常苛刻的规矩。比如，师徒在一起吃饭，学生要给师傅盛饭，要等师傅动筷之后才可以动筷，而且必须在师傅吃完之前先放下碗筷。

三、同学相处礼仪

在学校里学习，同学朝夕相处，是亲密的伙伴。同学关系，是人生中最宝贵的人际关系，它具有平等性和非功利性的特点。在这一时期建立起来的友谊，最纯洁、最稳定、最长久，它通常被视为人类所拥有的最美好的感情之一。对每一位学生而言，处理好同学关系，珍视同学友谊，将对自己的学习、成长乃至今后的人生、事业发展带来极大的帮助。与同学交往也应注意遵循有关的礼仪规范。

校园内遇见同学要主动问好，点头微笑、举手致意等，态度要热情、诚恳。尊重同学人格，不讥笑、辱骂同学，不给同学起绰号。尊重同学的生活习惯和风俗习惯。

同学之间说话态度要诚恳谦虚，语调平和，不可装腔作势。同学交谈力求语言文雅，注意场合分寸。同学之间开玩笑要适度，注意不要触及同学的忌讳。听同学说话，态度要认真，不轻易打断同学讲话，插话或提问应选择恰当的时机。若同学说得欠妥，应在不伤害同学自尊心的情况下，恳切、委婉地给予建议。

同学之间借用东西，须谨记有借有还，临时用一下别人的物品，应事先征得对方同意。同学需要帮助，应分清是非，弄明情况，如果是对的，应尽力而为、助其一臂之力，不可视而不见、置之不理；如果是弄虚作假或者是违反校纪的事，不能同流合污。需要同学帮助，不要强求，要换位思考，多替他人考虑，尽量不给别人造成困难，甚至带来麻烦。在集体生活中要顾全大局，遵守规章制度，有集体意识，不可我行我素。

📖 阅读材料

王明谈起职校期间的好朋友李晓，依然后悔不已。"茫茫人海，不知道他现在过得好不好。"王明难过地说。

从高一开始，两个人就是形影不离的好朋友，不论是学习还是生活上，只要一个人遇到了困难，另一个人马上会帮助对方走出困境。由于两个人的学习成绩不相上下，两个人也在暗中较劲。在一次重要的技能大赛上，王明获得了第一名，而李晓却因为比赛时过分紧张而失利了。也许是一时难受，李晓逐渐与王明疏远了。王明也憋着一口气："你不理我，我也不理你。"很快，毕业实习单位落实了，王明顺利地进入一家理想的企业，并且得到了师傅和领导的肯定。而李晓在实习单位工作得并不顺心。心情郁闷的李晓对王明说了一些伤人的话。王明十分恼火，决定再不与李晓联系。

思考：如果你是王明，遇到这样的情况，你会怎样处理呢？

📖 相关链接

同学相处"六忌"

一忌人格不平等。同学之间在人格上是平等的，因此彼此应相互尊重，自傲或自卑者都可能拉大与其他同学的距离。

二忌小群体。在一个班集体中学习、生活，总有一些关系不错的朋友，但忌长时间地接触几位关系好的同学，而不和其他人相处。尤其是当小群体的利益与集体利益发生矛盾时，应以班集体利益为先，舍弃个人、小集体利益。

三忌不正当攀比。同学交往，免不了攀比，关键看比什么，是志气、信心还是虚荣。如果是比思想进步、学习进步，这当然好；但如果比物质，就不可取了。

四忌说长道短。同学间相处要谨言慎行。在背地里说长道短，是同学间最忌讳的事情。正确的做法是，自己不传、不说；听到别人说，要认真分析真伪，不要轻信或盲从。

五忌说话伤人。"良言一句三冬暖，恶语伤人六月寒。"要自觉培养尊重别人的习惯，讲话应温文尔雅，讲究语言美，忌自以为是、出言不逊、恶语伤人。

六忌不良效仿。"近朱者赤，近墨者黑"。要善于交友，学会选择，真诚待人。

与异性同学交往，应摆正心态，让友情自然延续。与异性同学交往要注意的礼仪有：异性同学之间，应以礼相待，相互尊重，相互帮助。男同学应彬彬有礼，女同学应文雅大方。不论是男同学还是女同学，都要注意建立自己的信誉，说话、办事要讲信用，言必行，行必果。在体力劳动等方面，男同学应该主动帮助女同学。

在公共场合，男女同学之间的接触要注意礼仪修养。不宜长久盯视对方，不打打闹闹，肢体接触要有分寸，交往的时间宜短不宜长。不互起绰号，不讲粗话、脏话，交往的内容要健康。对异性同学的容貌、身材和衣着，不应评头论足，不伤害对方自尊心。

演一演

分组模拟同学交往场景，练习同学交往礼仪。

✎ 学以致用

【案例分析】

子贡，孔子杰出弟子，后弃官从商，商界历来公认他为"儒商始祖"。公元前479年，中国古代伟大的思想家、教育家、圣人孔子溘然长逝。孔子死后，众弟子皆服丧三年，独有子贡结庐墓旁，守墓六年，足见其尊师之诚，实属中华尊师楷模第一人。后人感念此事，建屋三间，立碑一座，题为"子贡庐墓处"。因子贡为孔墓所植为楷树，后世便以"楷模"一词来纪念这位圣徒。

思考：子贡对老师的缅怀之情令人感动，说说你的理解。日常学习中，你是怎么尊重老师的？

【多棱镜】

有这样一个阿拉伯传说，有两个朋友在沙漠中旅行。在旅途中他们吵架了，一个人打了另外一个人一记耳光，被打的人觉得受辱，一言不发，在沙子上写上："今天我被好朋友打了一个巴掌。"他们继续往前走，来到一片沃野，那位被打耳光的人差点儿淹死在池塘里，幸好有朋友救他，被救后，他拿了一把小刀在石头上刻下："今天我被好朋友救了一命。"好朋友好奇地问："为什么我打了你以后你写在沙子上，而现在却刻在石头上呢？"这位朋友笑着说："当你被朋友伤害时，要写在容易忘记的地方，风会抹去它；相反，如果你受到朋友的帮助了，我们要把它刻在心灵最深处，那里任何风都不能抹去。"

思考：这个故事给你什么启发？说说同学相处的礼仪。

【情景再现】

结合本课所学礼仪知识，创设情境，模拟校园中师生交往、同学交往的矛盾及处理方法。

第三节 校园活动礼仪

学生在学校里，除上课外还要参加许多校园活动。校园活动礼仪是维持校园文明、有序的保障。

一、进出校园礼仪

上学要穿戴整齐，如佩戴好校徽，保持整齐、洁净，显示出良好的精神状态。不穿校服时，服饰也要整洁、大方，夏天不能穿背心、拖鞋进校。

准备好当天的学习用具，出门时要向家长道"再见"。路上遇到同学，要打招呼问好。骑自行车进入校门要主动下车。踏进校门，要保持情绪高昂、奋发进取的精神状态。进校时要严守纪律，不勾肩搭背，不追逐打闹、高声喧哗，不边吃边走。进入校门要向值勤的同学微笑、示意，虚心接受门卫与值日同学的检查指正与督促。放学后，应向师长鞠躬致敬，并主动跟老师、同学告别。

二、"两操"礼仪

课间操和眼保健操是学校体育与健康活动的重要组成部分，要充分认识上好"两操"的重要性，积极主动地做好"两操"。

准时出操，及时到位，不迟到，不早退。跑步到指定地点排队上操。集合要迅速，列队整齐。保持良好队形，严格服从老师的管理和指导，保证出操质量。

跑步要步调一致，不讲话；做操动作要标准整齐，规范到位。做操期间，严禁肩上背包、手中拿东西、说笑打闹等。学生因身体不适不能坚持上操，要及时请假，并应向负责老师出示请假条或病假条，经允许后方能停操。

出操结束，应集合队伍按次序跑步离开操场，方可自由活动。

做眼保健操是保护眼睛的有效措施。做操时要保持安静，跟随音乐，放松身心，按动作规范要求来做。

三、国旗礼仪

学校每周都要进行升旗仪式。在升降国旗的仪式中，学生要遵循一定的礼仪。

1. 升旗仪式

列队：在仪式开始前，全体师生面向国旗列队站好。旗手、护旗手、主持人等做好准备。

出旗：主持人宣布开始，全体肃立；旗手持旗，扛在肩上，护旗手站在旗手两侧，齐步走向旗杆，悬挂完毕，做好升旗准备。

升旗：当国歌奏响时，升旗手与国歌同步将国旗徐徐升至旗杆顶。全体师生行注目礼。

唱国歌：礼毕后由仪式主持人宣布，全体师生共同高唱国歌。

国旗下演讲：可由校长或其他教师、同学做简短而有教育意义的讲话。

2. 降旗仪式

降旗仪式一般在傍晚前进行。由旗手和护旗手按《国旗法》第16条规定降旗。降旗时，所有经过现场的师生员工，都应面对国旗自觉肃立，待降旗完毕后，方可自由行动。降旗时，态度要严肃、认真、恭敬。国旗不能随手乱放，以免弄脏弄皱，要交给负责保管的老师。

3. 礼仪规则

升降国旗和奏国歌是对国旗和国歌的尊重，也是对我们伟大祖国的尊重。在升降国旗和奏国歌时，应做到如下几点：

仪表规范、整洁，仪态要庄重，脱帽肃立。队列要整齐，保持安静，切忌喧哗、走动、东张西望，神态应严肃庄重，并行注目礼。

恰逢升国旗奏国歌，要立即停止走路，严肃立正，等待升旗仪式完毕后，方可继续行走。

树立起使命感和光荣感，唱国歌要有激情，曲调准确，声音洪亮。要爱护国旗，由于长期日晒、风吹、雨淋，国旗褪色、破损的要及时更换。

四、集会礼仪

在学校，集会是经常举行的活动，一般在操场或礼堂等地举行。由于参加人数众多，要格外注意集会礼仪。

1. 校会礼仪

学校里召开集体大会，一般规模比较大，参加的人数多、班级多，为了保证大会的顺利进行，每位同学都要严格地遵守纪律，顾全大局，遵守礼仪，做到以下几点：

开会前准时到场，最好能提前几分钟到场。到场后，迅速把队伍整理好，保持良好的精神面貌，保持安静。

服从安排，到指定地点入座，切不可争抢座位。兄弟班级之间要发扬风格，互谅互让，不可互相攀比、斤斤计较。

集会开始后，不可随便走动和发出声响。若迟到，应悄悄入场，坐在后排的座位上，不可大摇大摆地走到前面，尽量避免分散别人注意力。如果必须暂时离开会场，应弯腰悄悄出去，尽量减少对别人的干扰。开会过程中，不能打瞌睡。没有特殊原因，尽量不要中途退席。

离开会场时，要服从会场工作人员的指挥，按顺序离开，切忌一哄而散、争先恐后。

2. 发言礼仪

应根据具体要求，做好发言准备。重要场合发言要写好发言稿或列出发言提纲。发言要明确听众对象，弄清会议主题，注意发言时间，要符合自己的身份。

发言人应穿着得体，举止大方，走路稳重，从规定通道上台。

发言前，应向台下行礼致意。站在台上，双手自然下垂，站姿端正，目视前方，全身放松，调整好与话筒的距离。

发言时，称谓要得体、全面，注意礼貌。声音要洪亮，吐字要清晰，注意语速不要太快，也不要故意拖音，当能听到自己话语的回声时，效果最好。注意用眼神和台下听众交流。在发言精彩或重要的地方，留出听众鼓掌欢迎的时间，待掌声将结束时，再接着发言。

发言结束，行鞠躬礼或点头示意，以表示对听众的感谢。下台时，要从容镇定，切忌匆忙跑下场。

3. 领奖礼仪

领奖时，事先一定要明确领奖程序，做到心中有数。着装应整洁，精神要饱满，走路宜稳健。接受奖品或奖状时，要双手去接，行礼致谢，然后转过身来，面向台下，将奖品举起向大家展示后，双手拿好贴在胸前。如遇摄影、录像，要积极配合，找准位置，完毕后再依次从指定台口退场。

做一做

以小组为单位，练习领奖、受奖的礼仪。

4. 表演礼仪

表演前，要刻苦排练，积极做好彩排工作，准备好必要的道具、演出服装等，尽可能做到考虑周详，万无一失。了解节目的安排次序，提前做好表演准备。克服紧张情绪，防止"晕场"现象的发生，迅速进入角色，发挥正常水平，保证演出质量。注意调动台下观众的情绪，活跃会场气氛。演出结束，要谢幕，下台时要自然。

五、运动会礼仪

运动会是学校的重要活动之一。在运动会上，无论观众还是运动员都要遵守纪律，讲究礼仪。

观众应遵守赛场秩序，不要起哄、谩骂、喝倒彩，要适时、适度鼓掌，做文明观众。勿随意投掷空罐、纸屑、果皮等垃圾至比赛场地，更不要在观众台看书报、吃零食，对比赛漠不关心。观众要鼓舞选手斗志，不偏袒己方、敌视客方，要按时进退场，尽量不中途离席。

运动员要保持良好的竞技状态，正确对待输赢，尊重裁判判决，不争执。

观众、运动员都要听从大会指挥。

学以致用

【思考回答】

1. 进出校园的礼仪规范有哪些？
2. 上台表演的礼仪规范有哪些？
3. 发言礼仪有哪些要求？
4. "两操"礼仪规范是什么？
5. 升旗仪式礼仪规则有哪些？

6. 运动会中观众和运动员的礼仪有何不同?

【情景表演】

颁奖仪式。

升旗仪式。

【实践应用】

应用本课所学礼仪,在校园活动中养成良好行为习惯。

第四节　校园生活礼仪

听听唱唱

欣赏歌曲《睡在我上铺的兄弟》，感受舍友深情。

阅读材料

王丹和张萍是同桌，也是非常要好的舍友。一天晚自习后，王丹回到宿舍就哭了起来。同学们问她原因，王丹伤心地说："张萍偷看我的日记。"同学们又问她："张萍不是你的好朋友吗？"王丹气愤地说："好朋友归好朋友，可日记是我的内心秘密，是隐私。偷看我日记就是不尊重我，以后再也不跟她好了……"

思考：王丹与张萍产生矛盾的原因是什么？在宿舍中，同学相处的礼仪有哪些？

一、宿舍礼仪

同学在宿舍中朝夕相处，有许多礼仪要时刻注意。

1. 环境礼仪

保持宿舍内外整洁，不乱抛瓜果、纸屑，不乱倒饭菜等废弃物，不往楼下扔杂物、泼污水。被褥叠放要整齐美观，洗漱用具、餐具、热水瓶、卫生工具等要整齐地摆放在规定位置。脏衣服、脏鞋袜要及时洗净晾干，未洗净之前不要乱丢乱放。重要书籍、衣服等用品要放在自己的柜内，以免引起不必要的麻烦。宿舍的墙壁是公共区域，不要乱写乱画或悬挂私人物品。注意用电用火安全。

2. 舍友相处礼仪

互相尊重，互相关心，团结友爱。自觉遵守宿舍生活秩序，按时起床、就餐；上下床动作要轻，拿东西声音要小；上铺翻身要轻，下铺要多给上铺同学提供方便。不随意在他人床上坐卧，未经允许，不随便挪动、翻看他人物品。对有困难的同学要多关心照顾，同学间要互谅互让，严以律己，宽以待人。

讲究文明礼貌，以礼待人。宿舍管理人员进入宿舍，学生应主动起立、问好。当老师、家长或其他客人来访时，应主动向客人问好让座。交谈时声音不要过高，时间也不宜过久。当同学与访客交谈时，应适当回避，不应旁听甚至插话。如果被访者不在，应尽快帮助寻找，找不到时应让客人留言，事后及时转告。

自觉参加值日工作，主动保持公共卫生，保持宿舍内整洁美观。在宿舍内不大声喧哗、打闹、跳舞、踢球、打羽毛球，外放音量适宜，不要影响他人休息。爱护公共财物，养成随手关水龙头、关灯、关门窗的好习惯。

练一练

模拟宿舍有客来访礼仪。

阅读材料

宿舍安全

1. 提高自我保护意识，提高警惕性，以防坏人有机可乘。

2. 不要让不熟悉的人随意出入宿舍。

3. 睡前要关好门窗，并检查门窗插销是否牢固。

4. 夜晚有人来访，不要轻易开门接待，对陌生人绝对不能开门。

5. 假期不能回家的学生，应集中就寝。如只剩下一人时，应和老师说明情况，请老师妥善解决。

6. 夜晚到室外上厕所，一定要穿好外衣，找同伴一起去，如遇到坏人应全力呼救，并进行自卫。

7. 学生应按时就寝，不随意离开学校。若身体不适，应告知宿舍管理人员，有三人以上陪同前往正规医院诊治。

8. 不得在宿舍内点蜡烛，不得在床上打闹。

名人名言

一粥一饭，当思来之不易；半丝半缕，恒念物力维艰。

——朱柏庐《治家格言》

二、食堂就餐礼仪

食堂是就餐场所，遵守就餐秩序、讲究公共道德是每个同学都应该做到的。

遵守就餐纪律，按时排队购买饭菜，排队时要互相谦让，除非有特殊情况，一般不要让其他同学代为购买饭菜。

养成良好的饮食卫生习惯，饭前洗手，饭后把桌面清理干净，碗、勺、盘放在指定位置。爱护食堂公物，不敲打碗、盘、桌、椅。

文明就餐，不穿背心、短裤及拖鞋进食堂，坐姿端正，挺直腰背，不随意走动，不和同学争抢食物，不嬉戏打闹。和老师在一起吃饭的时候，应该请老师先入座。

名人名言

食不言，寝不语。　　　　　　　　　　　　　　——古语

毋抟饭（别抢着吃）、毋咤食（咀嚼时不要出声）、毋刺齿（不要边吃边剔牙）。　　　　　　　　　　　　　　——《礼记》

对食堂工作人员要有礼貌，不当面评价饭菜的好坏。出现问题或有意见应该通过正确途径妥善解决。尊重食堂工作人员的劳动，主动配合，并向其道谢。服从餐厅工作人员及值日生的管理。

练一练

模拟就餐全过程，体现礼仪规范。

相关链接

校园礼仪"三字经"

学礼仪，人高尚，塑人格，练修养。年轻人，来日长，有修养，途无量。
面微笑，多礼让，学做人，和为上。重道德，心善良，讲诚信，不说谎。
有修养，不野蛮，待人宽，律己严。有爱心，讲慈善，肯奉献，会勤俭。
多理解，多体谅，不吵架，不对抗。事三思，免鲁莽，敬师长，不顶撞。
骂人话，污秽言，流氓气，勿沾染。贫不怨，富不炫，常自谦，不自满。

升国旗，衣整齐，脱帽立，注目礼。坐姿正，站姿庄，步行稳，身不晃。
不染发，不奇装，不下流，不装腔。早问好，晚问安，言行美，礼为先。
铃声响，坐课堂，敬师礼，不嚷嚷。师讲课，恭敬听，有疑问，举手应。
举手问，不嚣张，上下楼，右避让。对师生，要谦诚，如春风，若亲朋。
问声好，笑脸迎，语不横，面不冷。想沟通，语气平，话无讽，态度诚。
对批评，不反感，有则改，无则勉。有错误，敢承认，听批评，得教训。
受表扬，莫骄傲，常思过，胜良药。被误解，不冲动，敬师友，多沟通。
赌气话，易伤人，礼让话，温暖人。话说好，让人笑，话说恼，让人跳。
人小过，莫计较，能容人，境界高。公益事，抢在前，班级事，勇承担。
走正道，心无憾，做好人，心坦然。百德中，孝为先，敬父母，好儿男。
酒莫饮，烟莫沾，赌不碰，网瘾断。玩手机，浪费钱，坏校风，找麻烦。
偷东西，丧耻廉，蹲班房，迟早晚。扬八荣，戒八耻，学礼仪，为明天。
出两操，快静齐，遵校纪，服管理。叠好被，物到位，不串舍，守寝规。
餐厅里，应自律，不插队，守秩序。食不言，饭不语，剩饭菜，犹可气。
观比赛，不起哄，讲礼仪，讲尊重。图书馆，求肃静，步履轻，忌高声。
学礼仪，护环境，乱吐痰，传疾病。废弃物，不乱扔，爱校园，讲文明。

学以致用

【情景模拟】

1. 小组设计、排演宿舍场景，体现宿舍礼仪规范，课上表演。
2. 小组设计、排演食堂就餐场景，体现餐饮礼仪规范，课上表演。

【思考回答】

1. 在宿舍中，同学应如何相处？
2. 食堂就餐的礼仪要求有哪些？

单元总复习

【回顾反思】

1. 课堂礼仪规范有哪些？你是否都能遵守？

2. 学生与老师之间的礼仪规范有哪些？

3. 你参与最多的校园活动是什么？须遵循哪些礼仪规范？

4. 同学相处要注意些什么？

5. 在宿舍中要注意哪些礼仪规范？

6. 食堂就餐应注意些什么？

【看图说话】

观察以上六幅图中的校园不文明现象，说说应该怎么做。

【情景表演】

1. 进出老师办公室。

2. 行走中与老师相遇。

3. 同学误解你时。

4. 借用了同学的东西后。

【好歌相伴】

听听、唱唱以下歌曲。

1.《长大后，我就成了你》

2.《老师》

3.《睡在我上铺的兄弟》

4.《校园的早上》

【综合实践】

在校园中运用课堂礼仪、师生礼仪、校园活动礼仪、校园生活礼仪，全面提升个人素质，打造文明校园。

【共同进步】

和某位同学订个协议，各自说出想改的坏习惯和想养成的好习惯，并互相监督、检查、做记录。一个月后比一比，看谁的坏习惯改掉了，谁的好习惯养成了。

第五单元 公共礼仪

　　除了个人生活、家庭生活之外，人们还必不可少地要置身于公共场合，参与社会生活。

　　荀子说过："人无礼则不生，事无礼则不成，国无礼则不宁。"精辟阐明了礼对社会生活的重要性。在公共场合，不懂礼就会失礼。因此，必须加强公共礼仪知识的学习。

【学习目标】

1. 明确交通礼仪，文明行路。
2. 掌握乘坐小轿车、公共汽车、火车、飞机的礼仪，文明出行。
3. 明确社会公德的内容，遵守公德。
4. 掌握购物、参观、游览、阅览、看电影、入住酒店的礼仪，提升素质。

公共场合以其公用性和共享性为特点，为全体社会成员进行社会活动服务。遵循公共礼仪不仅利人利己，更是促进社会和谐的必要举措。

公共礼仪，就是人们置身于公共场合时与他人和睦相处、礼让包容的礼仪规范。它是社交礼仪的重要组成部分，也是人们在交际应酬之中所应具备的基本素养。

第一节　交通礼仪

出行离不开交通，其中也包含着一系列礼仪规范。我们应遵守交通规则，讲究社会公德和出行礼仪。

阅读材料

67 岁的白爷爷已经站了四五站路，他身旁的爱心专座上坐着一位小伙子。白爷爷瞥了他几眼，但对方并没有让座的意思，老人只得继续站着。车行至西大街站，白爷爷才坐下来。白爷爷说，自己也是从年轻时候过来的，小伙子工作不容易，不让座可以理解。

半小时后，车上十分拥挤。一位婆婆上了车，在车厢靠前处站着。一站路后，她身边座位上的乘客下车，一名中年人赶紧坐下了。见状，一名年轻女士起身给老人让座。婆婆十分客气，连声问："姑娘，你是不是下车？要是不下车我不坐，我还能站。"年轻女士坚持拉老人坐下，婆婆喜笑颜开。

议一议

关于公交车上给老人让座，你怎么看？

一、行路礼仪

1. 遵守交通规则

行人应靠右侧通行，并自觉让出盲道。过马路一定要走人行横道、天桥或地下通道。通过路口，要看红绿灯或听从交警指挥，切勿乱闯红灯、翻越隔离栏或在马路上随意穿行，也不能边走边看手机等。

2. 礼貌行路

多人并排行走时，一般以右为尊。三人以上并行，以中者为尊。多人行走时，以前为尊。

在窄路上应单行行走，不可多人携手并肩而行，还应保持一定的速度。不在路中央说笑打闹、逗留或奔跑。

3. 路遇事故不围观

在路上遇到事故，不要驻足围观，以防阻塞交通。

4. 文明礼让

遇到老、弱、病、残、孕应主动上前帮助，不要歧视，更不要讥讽；在人群拥挤的地方，要有秩序地通过；不小心碰到别人，要主动道歉；当别人碰到自己时，应表现出良好的修养和自制力，切忌口出恶言、厉声责备。

5. 礼貌问路

向别人问路要用尊称，不管对方是否能指明道路，都要道谢。如果是乘车或骑车问路，要先下车，然后礼貌请教。有人向自己问路时，要真诚相助，不要不理睬。

二、骑自行车（电动自行车）礼仪

在骑行时应遵守交通规则，同时注意避让行人，不能横冲直撞、逆行、闯红灯、互相追逐、撒把飞车等，更不可追逐汽车。

阅读材料

非机动车文明停车倡议书

1. 电动车、自行车等非机动车辆请自觉停放在相应的停车位内，并依据箭头指向，朝向一致，依次停放整齐。

2. 各门店经营者积极引导、提醒店员、消费者、客户、市民将非机动车文明、有序停放。

3. 禁止将非机动车停放在通道或其他非停车区域。

4. 非机动车停放时禁止占压盲道。

5. 保持良好的车容车貌，文明、规范停车。遵守交规、文明出行，自觉维护道路畅通。

三、驾车礼仪

驾车礼仪就是车辆驾驶者在行驶过程中应遵守的法律法规和礼仪规范。

1. 遵守交通法规

按交通标志线和交通指示灯行驶，不闯红灯，不抢道，不超速，服从交通警察的现场指挥。

阅读材料

王茜是一个新司机，她最讨厌经过十字路口，等红灯要耽误很多时间。有一次，在一个丁字路口，这里只有黄灯，没有红绿灯，大家你争我抢，互不相让，结果挤到一起，堵了一小时，交警前来指挥才得以疏散。从此，她彻底认清了红绿灯的作用。

议一议

红绿灯的作用是什么？为什么要遵守交通规则？

2. 文明行车

每一名司机在遵守交通秩序的同时还要做到文明驾驶，相互礼让。

遇到新司机时应持宽容和理解的态度。过斑马线时要礼让行人：应该在斑马线外减速，最好停在1米之外，不应按喇叭和行人抢道。

合理使用灯光和笛声，避免频繁和过度使用。

3. 注意车内细节

注意车内环境，及时清扫，注意自身着装，不在车内抽烟。

4. 有序停车

在公共场所或居民小区停车时，应按车位线或大家停车方向停车，看清楚前后左右的情况。如果没有停车位，又要短暂停留，可在车上留下自己的电话，以便及时挪车。

四、乘坐交通工具礼仪

乘车和乘机都需要讲究礼仪规范。

1. 乘公共汽车礼仪

（1）排队上车。如果等候公共汽车的人较多，应该自觉到指定地点排队等候并依次上车。不要蜂拥而上、挤作一团，更不能插队。上车后应尽量往里走，不挡着车门。

（2）主动买票。购买车票要积极主动。在无人售票的公交车上，应事先准备好零钱，主动投币。使用月票乘车时要主动出示月票。如售票员查票，要主动配合。不用过期的月票，也不借用他人的月票。如乘坐使用IC卡的公交车，应主动刷卡。

（3）文明礼让。对行动不便的老人、孕妇、病人、残疾人以及儿童，要积极帮助并主动让座。如别人给自己让座，要表示感谢。

不与他人争抢座位。随身所带物品放到合适的位置，不占座、不挡道。在车上不要高声谈笑或大声打电话，不要将身体的任何部位伸出车外。下车时以方便为先，不可争抢。

演一演

以小组为单位，分角色模拟搭乘公共汽车情景，注意礼仪规范。

2. 乘轿车礼仪

乘坐轿车的礼仪规范主要涉及座次、上下车顺序、举止三个方面。

（1）座次。在比较正规的场合，乘坐轿车时要分清座次的尊卑，并选择合适的位置就座。在非正式场合，则没有过多要求。

座次礼仪可概括为"四个为尊，三个为上"原则。

"四个为尊"是客人为尊、长者为尊、领导为尊、女士为尊，此四类人应坐尊位；"三个为上"是尊重为上、安全为上、方便为上，其中"尊重为上"原则最重要。

以双排五座的小汽车为例，座次顺序主要有以下几种情况：

如果由主人亲自驾驶，一般前排为上，后排为下，其座位由尊而卑依次为：副驾驶座、后排右座、后排左座、后排中座。如中途坐前座的客人下车，则后排就座的客人应改坐前座，此项礼节应特别注意。（图1）

如果由专职司机驾驶，通常后排为上，前排为下；以右为尊，以左为卑。其座位由尊而卑依次为：后排右座、后排左座、后排中座、副驾驶座。（图2）

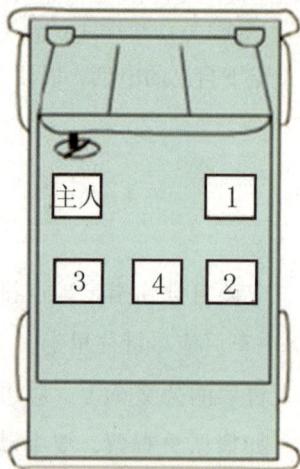

图1

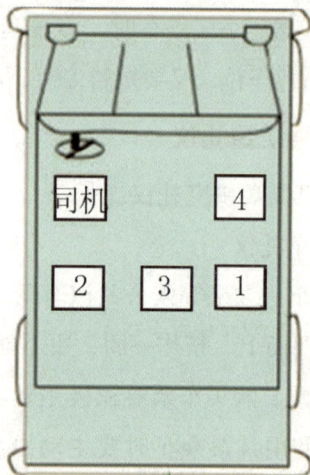

图2

由主人夫妇共同驾车时，则主人夫妇坐前座，客人夫妇坐后座。男士要服务于自己的夫人，宜开车门让夫人先上车。

（2）上下车顺序。尊长、女士、来宾应先上车，后下车。年轻人、主人、专职司机应为他们开门、关门，并注意在开、关门时不要用力过大。自己上下车时，开关门前要先看看后面的情况，以免伤及路人。

（3）举止。要注意礼让，不要争抢座位。要举止得体，不要对异性过分亲昵，更不要东倒西歪、靠在别人身上。要讲究卫生，不要在车上吸烟、吃喝、乱扔垃圾、吐痰、擤鼻涕、脱鞋，更不要把手脚伸出车窗。不要与司机闲聊，司机不能接听移动电话、看手机或看书刊。不要违背嘉宾本人的意愿而强行安排座位。嘉宾坐在哪里，哪里就是上座。即使嘉宾不明白座次，坐错了位置，也不必纠正。

女士上下车时，要注意姿态，应采用背入式上车、正出式下车，即上车时，将身子背向车厢入座，坐定后随即将双腿并拢，同时收入车厢中。如穿裙装，在关门前应先将裙子理好。下车时，应将身体尽量移近车门，先注意观察后方情况再打开车门，将并拢的双腿伸出车外，正面朝外，头部先出，最后再把整个身体移出车厢。这样可以有效避免"走光"，也显得姿态优雅。

3. 乘火车礼仪

上火车时，要排队检票，按顺序上车，按号入座。

上车后，应尽快坐好。按要求将随身携带的物品放到行李架上，并摆放整齐、稳妥，尽量少占空间。

男士要有风度，坐姿要规范，不要把腿伸到过道上；女士应温文尔雅，不跷二郎腿或分开两腿，更不能半躺、半卧。

乘坐卧铺火车，躺下后头部宜朝走道，不应把脚伸到走道上。

乘务员送水时应致谢。保持车内卫生，不要乱扔垃圾。

要与邻座人友好相处。坐在里侧要外出时，应先站起向邻座致歉，等其让道，回来时要记得说"谢谢"。双方都有谈话欲望时，可以攀谈，但要注意礼貌和分寸。

注意公共道德，不要在车厢内吸烟，不能大声喧哗，更不要一人占多座睡觉，乘卧铺车时上下床动作要轻。

下火车时，应带好随身物品和车票，礼貌地与邻座道别。火车停稳后按顺序下车，不要拥挤。

📖 阅读材料

热闹的车厢

国庆节期间，开往郑州的火车人满为患。晚上十点，一群年轻人涌了上来，他们放下行李就开始打牌。熄灯后，又接着聊天，整个车厢都是他们的声音。有的旅客实在忍无可忍，叫他们轻点，别妨碍别人睡觉。这些年轻人虽有所收敛，但很快，声音又高了起来，有人竟唱起了歌。一直到凌晨四点他们下火车后，车厢才安静下来。

思考：你认为这群年轻人的行为错在何处？如果你是他们中的一员，你会怎么做？

> **做一做**
>
> 分小组表演乘坐火车礼仪。

4. 乘飞机礼仪

登机后，旅客需要按秩序对号入座，不要在过道上停留太久。找到自己的座位后，要将随身携带的物品放在头顶的行李箱内，较贵重的东西放在座位下面。

入座后，要系好安全带，同时关闭手机、电脑、游戏机等电子设备。

邻座之间可以进行交谈，但不要隔着座位说话，也不要前后座说话，且声音不要过大。在调整靠背角度时，应考虑前后座的人，不要突然放下座椅靠背或推回原位，更不能跷起二郎腿摇摆晃动。当飞行期间出现颠簸情况时，要确保系好安全带。

用餐时要将座椅复原，放平置物板。飞机的饮料是不限量免费供应的，但需要注意，一次只能索取一种饮料，喝完了再添加，以免饮料洒落。乘务员发饮料的时候，坐在外侧的旅客应该主动询问里侧的旅客需要什么，并帮助乘务员递过去。在飞机上饮酒要适量。

注意维护环境整洁。由于飞机所能容纳的垃圾数量有限，所以旅客最好不要自带零食，尤其是带壳的零食。如果要脱鞋休息，可以在乘飞机前换上干净的鞋袜，或去盥洗室换上拖鞋，或把双脚用消毒纸巾擦净，再把鞋袜装在塑料袋里放好。

在飞机上使用盥洗室和卫生间时，要注意按次序等候并保持清洁。如果晕机，可想办法分散注意力；如呕吐，要吐在清洁袋内。如有问题，可打开头顶上方的呼唤信号，向乘务员求助。

此外，旅客不要把飞机上提供的非一次性用品带走，比如餐盘、毛毯等。要避免在飞机上嬉戏喧闹。

飞机未停稳前，不可起立走动或拿取行李，以免摔落伤人。

【多棱镜】

1. 手机带来的车祸

"世界上最遥远的距离不是生与死，而是我们坐在一起，你却在玩手机！"很多人看到这句话都会一笑而过，但你知道吗？在不恰当的时间、地点玩手机已经造成了多起生离死别的悲剧。

2016 年 5 月 8 日，某市江宁区 104 国道，一男子过马路玩手机，被两辆车接连撞上，当场身亡。2015 年 5 月，一女子边走路边接听手机，被迎面而来的一辆车碾压身亡。走路，别看手机。生命只一次，千万要珍惜。

思考：你是否在过马路时玩手机？行路的礼仪规范有哪些？

2. 在曼谷飞往西安的航班上，一乘客不但将鞋子彻底脱掉，还肆无忌惮地将双脚搭在了前排乘客的扶手上。

思考：这名乘客的行为会带来哪些不好的影响？乘坐飞机的礼仪规范有哪些？

3. 一天夜里，周总理忙完工作已经很累，司机想早一点让总理回去休息，便加快速度，准备超越前面一辆外宾的汽车。总理发觉后，立即制止说："同志，你怎么这样做呢？要有礼貌，我晚回去一会儿有什么关系，可不能有大国沙文主义思想啊！"司机只好放慢速度，让外宾的车子走在前边。总理经常教育司机要礼貌行车，不要因为他坐在车上，就随便违反交通规则。要尽量少按喇叭，以免引起行人的紧张。

思考：周恩来教育司机要有礼貌，具体说了哪些内容？结合课本内容具体说说驾车礼仪。

【知识回顾】

1. 乘坐小汽车的礼仪。
2. 乘坐公共汽车的礼仪。
3. 乘坐火车的礼仪。

【写写画画】

绘制由主人或专职司机驾车时，小汽车座次顺序图。

【能力应用】

刘经理及助理小张和秘书小王开车去接来访客人李总，请你安排他们的乘车座次。

第二节 公共场所礼仪

我们每个人的生活环境，除了家庭、学校之外，还会经常出入公园、商店、图书馆等公共场所。作为一个有文明、有素养的人，切实重视公共场所礼仪，会为我们架设一座与别人发展友谊、增进信任的桥梁，也是我们个人基本素质的体现。

一、遵守公共秩序，讲究社会公德

1. 遵守社会公德

遵守公德是每个人应具有的自觉行为，是体现个人素养的重要方面。

在一些西方国家的公共场合，常常可以见到这样的情景：遇到需要用手推启的门，进门的人会习惯性回头，看后面有没有人进门，如果有，则会推扶着门，以方便后面的人进入；后面的人进门后，也会向扶门的人致谢。

在公共场所不要拥挤，应该注意礼让。遇到年迈体衰、行动不便的人，应主动帮助。如不慎和别人碰撞，应相互致歉，用彼此的善意和宽容共同构建和谐的社会氛围。

2. 爱护公共环境

公共环境卫生要依靠大家来保持，切忌随处乱扔废弃物、随地吐痰。

公共场所禁止吸烟，在世界范围内都已成为共识。这不仅是对别人的尊重，也是对自我健康的负责。

3. 注意自我形象

公共场所要衣着得体，合乎时宜。举止优雅、言行得体，才能赢得别人的尊重。

二、购物礼仪

购物并非只是掏钱买东西。一位懂得购物礼仪、讲究文明礼貌的顾客，会获得购物的满足和心情的愉悦。

选购货物时，要小心取放，以免造成货物损坏。手推车是采购时不可或缺的工具，在行进过程中，停放或转弯时应注意不要妨碍别人。结账后，应将手推车放回原处。

顾客对商场中的营业员应礼貌相待，根据年龄、性别给予得体称谓。需要营业员提供服务时，应客气地提出请求，不要用命令的语气说话。

如需退换商品，应向营业员耐心地说明原因，态度平和。保持购物场所的环境卫生，不要随地吐痰、乱扔杂物、大声喧哗。

练一练

分角色扮演顾客、售货员，表演购物礼仪。

三、参观与游览礼仪

参观游览是指一定的组织或个人对一些风景名胜、单位设施进行实地观看和欣赏。参观可以增长知识，提高艺术修养，因而在这种场所更要讲礼仪。

1. 参观礼仪

在参观过程中，参观者应集中注意力，看好、听好、问好、记好，个人服从集体。

参观者应穿戴整洁，不要一边参观一边吃零食。要遵守有关规定，如有"请勿拍照"标识就不要拍照。

展览厅内要保持安静，对讲解员的解说要专心倾听，遇到不懂的问题，请教时要有礼貌，适可而止。不要对参观对象妄加评论。不要簇拥，不要大声喧哗。

参观博物馆陈列的展品时，不要用手触摸，更不可随手刻划。

2. 游览礼仪

游览礼仪是指人们外出旅游过程中应当遵守的基本的礼仪规范和礼貌礼节。

爱护名胜古迹。爱护亭廊等建筑物的结构装饰，不随意攀摸，以防损坏古迹，不得在文物古迹上乱刻乱画，信手涂抹。

注意文明礼貌。在风景区观赏游览时，要注意文明礼让，特别是在风景区拍照时，不与别人争抢。需请人协助拍照时，要道谢；在帮助别人拍照时，要事先询问对方的意见，不要随便应付或是摆弄他人相机。服从景点管理，不要在禁止拍照的地方偷拍照片。不在供游人休息的长椅上躺下睡觉，以免影响他人休息。

外出旅游要注意入乡随俗，特别是境外旅游，要提前熟悉当地的风俗和宗教禁忌。

练一练

分小组，设定情境，表演游览礼仪。

✏️ **阅读材料**

文明旅游

国庆七天假是旅游市场的"黄金时期"，也是对游客文明素质的一场考量。据统计，2016年国庆节有5.93亿人次出游。节后，国家旅游局发布十一假日旅游"红黑榜"，对文明出游进行了表扬，对不文明现象进行了批评。例如：长城青砖变"签到簿"，刻满"到此一游"；多名游客在颐和园外墙小便；杭州西湖变成"洗脚池"；游客在法国薰衣草地为抢拍照位置互殴；等等。这些不文明现象，让我们深感羞耻。

当然，我们应清楚地认识到这些不文明现象只是"少数派"，从总体来看，旅游不文明行为已经减少了很多，许多游客开始有意识地注意自己在旅游中的行为举止。据北京环卫集团的工作人员介绍："2016年国庆节，天安门广场约有11万人观看升旗仪式，人多了，但乱扔垃圾的现象比往年明显减少。"只要我们将社会公德牢记于心，并持之以恒，旅游文明就指日可待。

思考：外出旅游时你是一名文明游客吗？如果不是，哪些地方还需改进？

四、电影院礼仪

看电影是很常见的日常活动，可是许多人不注意礼仪，令其他观众苦不堪言。在电影院需要注意以下礼仪。

不要迟到。最好能在电影开映前5分钟进入。如果不得已迟到了，应该向周围的人低声致歉。

不要吃有壳的、咀嚼声音过大的、带异味的食物。

不要交头接耳或高声议论以免影响他人观看。

不接打电话。手机应调为静音或振动，尽量不要打扰到别人。

打喷嚏、吐痰要悄悄进行。如果要离位应向邻座致歉。

五、图书馆、阅览室礼仪

图书馆、阅览室是公共学习场所，身处其中时，要讲究文明礼貌，遵守公共场所的礼仪规范。

主动配合图书管理人员的工作。安静、整洁、温馨的读书环境，需要每个人遵守图书馆的各项规章制度，积极维护图书馆正常秩序，爱护文献资料和公共财物。

注意仪容仪表。衣着要整洁、得体，不能穿背心、拖鞋入内。

安静有序。进馆要按次序，步履要轻，就座时移动椅子要轻。不为别人占座，不出声阅读，不和别人交谈，更不能喧哗，不在阅览室里休息、睡觉。拒绝手机噪音干扰，更不能在馆内大声通话影响他人。

讲究卫生。维护环境卫生，不在馆内吃零食、扔废纸、随地吐痰，严禁馆内吸烟。

爱护图书。要轻拿、轻翻、轻放，不乱撕、乱剪图书。对开架书刊应逐册取阅，不能一人同时占有多份，阅后立即放还原处。借阅图书按时归还，不随意转借他人。

六、宾馆礼仪

作为一名文明旅客，应自觉遵守下列住宿礼仪。

在登记入住时，要配合出示有效证件，耐心地等待服务人员办理入住手续。进入房间后，首先要详细阅读客人须知，以便了解和使用宾馆为客人提供的各项服务。许多宾馆都有为住宿客人免费存放贵重物品的业务，入住之后，可将携带的贵重物品交给宾馆代为存放，以免财产丢失。

入住后，如要休息，应在门把手上悬挂"请勿打扰"的告示牌或者开启"请勿打扰"指示灯。离开房间时，应在门外把手上悬挂"请打扫房间"的告示牌或开启"请打扫房间"的指示灯，以便客房服务员及时清理房间。当错过打扫卫生的时间时，可电话通知服务人员单独过来打扫。

在服务人员打扫卫生时，应尊重他们的劳动，表示感谢。打总机人工转接电话时，要温和有礼。

接待客人时，人数不宜过多，以免影响他人休息。宾馆一般不允许来访客人在客房留宿，或随意使用客房内的各种设备。

虽然打扫客房是服务员的工作，但是也不能因为有人代劳就不注重保持清洁卫生。在客房里，不要将小件物品，如钱包、钢笔、电子记事簿等乱扔在桌子上或放在枕头下面，否则可能会被当成无用物品清理掉。吃东西时，不要将果皮、纸屑丢在地上，应放入果盘或倒进垃圾桶内。

离开酒店时，应提前收拾好自己的行李物品，将客房简单收拾一下，到前台办理离店手续，等服务人员检查完毕后再离开，这既是对酒店服务人员的尊重，同时也能防止遗忘个人物品。

洗发膏、牙刷、肥皂、信封、信纸之类的一次性用品可以带走，但要注意有些物品是有偿使用的，在使用或带走前需要看清楚上面的说明，以免在最后结账时发生不必要的纠纷。酒店的毛巾、睡衣或其他物品不可带走。

学以致用

【案例分析】

一个周末的下午，中职生莫平和同学一起到山林游玩。春光明媚，山林里景色宜人，游人如织。路过一条小溪时，原本有说有笑的莫平眉头紧锁，停下了脚步。原来莫平发现溪水里漂浮着许多塑料袋、水果皮以及矿泉水瓶等废弃物。此种状况，实在大煞风景。莫平二话没说，跳进溪水之中去捡拾那些废弃物。整整一个下午，莫平终于使那条小溪"旧貌换新颜"。莫平这次义务劳动，恰巧被几名外国记者注意到了。其中一名记者还悄悄为胸佩校徽、正在埋头大干的莫平拍了一张照片，并且以"中国的希望"为标题，在一家著名的外刊上发表。

思考：莫平同学的这种做法反映了当代青年人哪方面的公德意识？假如是你，你会怎样做呢？

【多棱镜】

1. 在旅行途中，若碰到不文明现象，你会怎样去做？

2. 张先生匆匆走到服务台前，将房卡递给服务员说："这是房卡，我要结账。"当班服务员小王告诉张先生："先生，请您稍等，等我们查完房再结账。"张先生很尴尬，大声嚷道："你们不尊重人！误了火车，由你们负责！"

思考：分析以上案例，服务员是否有错？住宿宾馆应注意哪些礼仪？

【一问一答】

1. 去电影院看电影需要注意什么问题？

2. 到阅览室看书需要注意哪些礼仪？

3. 去商店购物需要遵循的礼仪规范是什么？

4. 参观礼仪的内容有哪些？

单元总复习

【看图说话】

以上六幅图中的行为符合礼仪规范吗? 如果不符合, 应该怎样改正?

【对照反思】

在公共场所, 你做到了哪些? 请在题后的括号里画"√"。

1. 不乱丢垃圾。(　　　)

2. 礼让老、弱、病、残、孕。(　　　)

3. 爱护公共设施, 不乱写乱画。(　　　)

4. 购物自觉排队。(　　　)

5. 参观有秩序。(　　　)

6. 着装整齐, 注意仪容仪表。(　　　)

7. 阅览安静有序。(　　　)

8. 选购商品小心取放。(　　　)

9. 看电影要安静。(　　　)

10. 住酒店要文明。(　　　)

【模拟表演】

分小组表演行路、乘车、购物、游览、参观、看电影、阅览、住酒店的礼仪。

【宣传发动】

到公共场所进行志愿服务，宣传公共场所礼仪知识。

第六单元 职场礼仪

同学们，经过学习，你们即将走上工作岗位，开始人生的另一段旅程。职场礼仪的学习，会直接影响未来的发展和人生的进程。

【学习目标】

1. 明确求职前的礼仪准备。

2. 掌握面试的礼仪要求。

3. 了解求职面试后的礼仪。

4. 明确办公场所礼仪。

5. 掌握公务接待礼仪。

6. 明确会议礼仪。

　　在职场中，人际关系不再是师生关系、同学关系，而是上下级关系、同事关系。在这样的环境中，更要注重与人交往的礼仪。职场礼仪是指人们在职业场所中应当遵循的一系列礼仪规范。了解、掌握并恰当地应用职场礼仪会使你在工作中如鱼得水，事业蒸蒸日上。

　　同学们，认真学习职场礼仪，为未来的职业生涯做准备吧！

第一节 求职面试礼仪

求职面试需要面对面交流，求职者给人的第一印象会影响到用人单位的初步评价。如果你以高雅的仪表风度、完美的语言艺术、优美的个人形象来展示自己的气质修养，用人单位会对你特别关注，从而帮助你赢得心仪的工作。因此，中职学生要加强礼仪修养，做好求职面试礼仪规范的学习。

一、求职面试前的准备

机会总是青睐那些有准备的人，细节决定成败，中职学生在求职前要做好礼仪方面的准备工作，才能做到知己知彼，百战不殆。

（一）了解招聘单位的信息

搜集招聘单位的信息，如公司历史、公司规模、公司产品、经营状况、岗位职责等，以便于在应聘过程中很好地与招聘者沟通，充分显示你的诚意与尊重，加大被录用的可能。搜集信息的渠道很多，可以通过网络、电视、电话询问等。在致电询问时，要注意细节与礼貌，不能太冒昧。电话接通后首先介绍自己，以示尊重，然后清晰明了地向对方表达自己的来电意图、所要咨询的问题等，力求简洁。得到自己所要的信息后，要礼貌致谢，并在对方挂断电话后再挂电话。

（二）准备简历和求职信

求职前要精心准备好简历和求职信。中职学生的简历不要复杂，但要表现出个人的专业技能。制作个人简历讲究诚信，也要力求精彩，既不过分夸耀自己，也不过于谦卑。面试时最好多带几份简历，因为交给面试官的简历已经被整理成厚厚的一摞，逐份翻找需要一些时间，这时若是拿出提前准备的简历给他，他会觉得很方便。

写求职信也有礼仪要求，称呼要准确且有礼貌，用尊称，收信人的姓名与职务也要对应，避免出现张冠李戴的错误。求职信开头的问候和结尾的祝福是必不可少的礼仪，即使开头的问候语只有简洁的"您好！"两个字，也能体现出求职者的素养。结尾可恰当地使用一些祝福语以示礼貌。

阅读材料

一位先生要雇一个没有带任何介绍信的小伙子到他的办公室做事，先生的朋友很奇怪。先生说："其实，他带来了不止一封介绍信。你看，他在进门前先蹭掉脚上的泥土，进门后又先脱帽，随手关上了门，这说明他很懂礼貌，做事很仔细；当看到那位残疾老人时，他立即起身让座，这表明他心地善良，知道体贴别人；那本书是我故意放在地上的，所有的应试者都不屑一顾，只有他俯身拾起，放在桌上；当我和他交谈时，我发现他衣着整洁，头发梳得整整齐齐，指甲修得干干净净，谈吐温文尔雅，思维十分敏捷。怎么，难道你不认为这些小细节是极好的介绍信吗？"朋友点了点头。是啊，在这么生动的形象前，一切文字材料都是多余的了。

思考：小伙子带的"介绍信"是什么？具体说说"介绍信"的内容。

温馨提示

除了准备好纸质介绍信，别忘了带上隐形的介绍信——礼仪与修养，这才是很多企业最看重的。

（三）做好形象准备

职业形象是求职者成功应聘的软实力，外在形象是求职者留给招聘单位的第一印象。在同等条件下，得体、干练的着装将赢得面试官的好感，一些服饰上的小细节也可能成为求职者胜出的关键。稳重、大方、淡雅、整洁应当是面试前首选的形象准备。

面试时切记不要穿着太华丽、太耀眼，不能给人轻浮的感觉。最好提前一两天做准备。不管是男士还是女士，在应聘时都要注意自己的整体形象修饰，不要忽视细节。应试前先仔细检查一遍自己的仪容是否整洁，扣子、拉链是否扣好、拉好，衣缝及袖口是否有破损或者褶皱，鞋子是否干净光亮。另外还要注意个人卫生，除了面部外还要特别注意耳朵、脖子等部位的清洁及指甲的修剪。

发型也是仪表的重要方面。求职者要在保持头发干净清爽的前提下，根据自己的脸型、年龄、体型、衣着、职业性质等因素来修剪合适的发型。女性额前的刘海要适当修剪，不要遮住视线，以免显得不够自信。最好不要散发披肩，盘起头发会让人看起来端庄文雅。

1. 女士的面试着装

女士的着装要大方得体，应注意服饰整体搭配，以简单朴素为主。一般不穿短裙或透明、紧绷的衣服。可穿西装套裙，西装最好稍短，可以适当体现女性的曲线美，裙子不宜过长，但也不要太短。若是配裤子则上装稍长，注意将衬衫的下摆塞进裤子，皮鞋要擦亮，鞋带要系紧，昂贵的珍宝首饰不适合佩戴，饰品数量也不宜过多。若是使用香水，则宜使用香味清新的，切忌使用香气过浓或者味道奇特的香水。

2. 男士的面试着装

男士的着装以正式的西装为宜，领带要打端正，若有领带夹应夹在衬衫的第三与第四个扣子中间的位置。最好不要佩戴项链等饰物。皮带的颜色以黑色为最好，皮带头不宜过大、过亮，也不要有很多的花纹和图案。袜子以深色为好，不要有明显的图案、花纹。另外，也不应该穿较透明的丝袜。

名人名言

礼节及礼貌是一封通向四方的推荐信。

——伊丽莎白

（四）面试前的饮食禁忌

面试前不要喝酒，不吃辛辣食物。若有口臭，最好在应聘前刷牙，多喝几杯清茶；还要注意面试前少吃些食物，尽量避免在人前有打嗝等不雅的举动。

二、求职面试礼仪

（一）面试到达的时间

一般来说，比原定的面试时间早到 10 至 20 分钟最合适，求职者可以熟悉一下周围的环境，或就近寻找洗手间，在里面整理服装仪容。同时，还可以在准备区域仔细观察其他应聘人员的情况，尽可能地弥补准备的不足。千万不要在接待区晃来晃去，大声喧哗，因为这个时候用人单位可能已经开始观察每个求职者的表现了。

（二）面试中的礼仪

1. 进门

进入面试房间前应先敲两下门，等对方回答"请进"后方可进入，然后向对方行点头礼或者鞠躬礼后再关上门。

2. 落座

走到座椅旁边时，应恭敬地先做自我介绍，得到许可后再就座。若有指定的位子，则坐在指定的位子上；若无指定位置，可以选择主考官对面的位子落座，以方便和主考官面对面交流。当对方请你坐下时，说声"谢谢"再坐下。

3. 坐姿

坐姿要端正，两手自然轻放在大腿上，千万不要两手下垂或放在胸前或背后交叉。要保持腰杆挺直，女性切忌张开两腿。双脚也不要毫无顾忌地往前直伸，抖动双腿或者跷二郎腿都是很不礼貌的行为。

4. 微笑

面试时要面带微笑，谦虚真诚，有问必答。听对方说话时，要适时点头，表示自己听明白了，或正在注意倾听。

5. 眼神

落座前或落座后，可环视在场考官，行注目礼并点头微笑。面试中眼睛应真诚地看着面试官，不要瞪视，以免显得具有进攻性。求职者在面试时应与考官时刻有目光接触，以示对说话人的尊重，但也不能一直紧盯着对方，更不要躲闪对方的目光。在交谈过程中，求职者的目光可以在上至对方额头，下至对方衣服第二粒纽扣，左右以两肩为准的范围内，不要把目光聚集于对方身体的某个部位，尤其是异性之间。如果有多个面试官，求职者要把目光转向正在问话的那个面试官，表示自己在认真听其讲话。

6. 语言

求职者在谈话的时候要注意礼貌用语，语气要谦和，谈吐要优雅，适时插入一些幽默的语言既可以调节气氛，营造轻松的交流氛围，又能展示自己的聪明机智。不要使用夸张的肢体动作或者考官听不懂的方言。有时考官为了考察应试者的素质，会故意用尖锐的、挑剔的甚至有些非难的语气发问，此时，求职者切不要意气用事，或者表现出不礼貌的言辞等。

7. 手势

可在需要时适度做些手势以配合表达。但不要频繁耸肩、手舞足蹈、抓耳挠腮、用手捂嘴或拍对方的肩膀，这是很失礼的行为。

8. 结束

求职者要先鞠躬行礼，后退一步再转身离开。走出面试房间时，最好再次转身站在门前行礼，然后离开。

要注意的问题：不要带除公文包或手提包以外的任何物品，不要抽烟或者咀嚼口香糖，不要垂头弯腰、局促不安，不要轻易打断对方谈兴正浓的话题，等等。

练一练

分小组，进行求职面试过程演练。

阅读材料

转 机

文秘专业的王慧和李玲，都是班上的活跃分子，两人的关系也很好，像一对亲姐妹。王慧英语拔尖，李玲善于电脑操作，不但拿到了学校规定的职业资格证书，还考取了其他证书。她们一个是班上的学习委员，一个在学生会负责宣传工作。

临近毕业时，有家知名度很高的公司来学校招聘，而王慧和李玲都落选了。她俩看着好机会就要错失，勇敢地敲响了面试办公室的门。王慧用英语向人事部经理问候，根据事先对该公司的了解，简洁地表达了对公司的向往。李玲拿出多种证书和学生会的宣传工作总结，经允许后又展现了自己的歌唱才艺。经理欣赏完后，走过来和她们握手说："我代表公司欢迎你们！"

温馨提示

要敢于推销自己，善于展示优势。但推销自己要有真才实学，只有在学生时代努力学习，提高自己，才有可能获得一份理想的工作。

相关链接一

面试时的常见问题

问题一：如何进行自我介绍？

回答思路：内容与个人简历保持一致，表述尽量口语化，不谈无关、无用内容，叙述条理清晰、层次分明。

问题二：如何进行家庭介绍？

回答思路：简单罗列家庭人口情况，强调温馨和睦家庭氛围，强调良好的家庭教育情况，突出家庭成员对工作的互相支持。

问题三：如何介绍业余爱好？

回答思路：不说没有业余爱好，不说庸俗爱好，不局限于读书、听音乐、上网等，户外爱好对点缀、提升个人形象有一定帮助。

问题四：如何说明个人不足？

回答思路：不说自己没有任何缺点，不说可能严重影响应聘工作的缺点，可说对应聘工作无关紧要的缺点，或者从表面看是缺点、从工作角度看是优点的缺点。

相关链接二

面试前的心理调节

首先，告诉自己不用紧张。面对陌生的环境，紧张是人的自然反映。让自己不紧张的方法很多，可以面对镜子多练习，增强自信心，提高语言表达能力。

其次，要有自信心。德国哲学家黑格尔说过："人应尊重自己，并应自视能配得上最高尚的东西。"对缺乏自信、怕羞的人来说，应经常想到自己的长处，并深信"天生我材必有用"。有了自信，才能兴致勃勃地投入工作，才能发挥才能。

最后，认识自我。尼采曾说："聪明的人只要能认识自己，便什么也不会失去。"如今，随着社会的不断发展，人们对于自我的认识也进入了一个突破性的新阶段。事实上，每个人都有巨大的潜能，每个人都有自己独特的个性和长处，每个人都可以选择自己的目标，并通过不懈的努力去争取属于自己的成功。

三、求职面试后的礼仪

面试后要安心等待，不要急于询问面试结果，以免产生过于急躁的印象。可以选择以感谢信或者感谢电话的形式表达对用人单位的谢意。

（一）感谢信

在面试结束后的两三天内，求职者可以给招聘单位发出一封言辞恳切的感谢信，这是礼貌及明智之举，既可以表示自己的诚意及感谢，也能及时加深招聘单位对自己的印象，增加求职成功的机会。感谢信要简洁，不要超过一页。感谢信开头部分提及自己的名字和简单情况，然后提及面试时间并对招聘人员表示感谢；中间部分要重申对该公司、该职位的兴趣，尽量修正可能留给招聘人员的不良印象；结尾可以表示你对自己能符合公司要求的信心，主动提供更多的材料或表示希望能有机会为公司效力。

（二）感谢电话

求职者也可以打电话给招聘单位表示感谢，打电话之前要考虑对方的时间安排，不能在休息时间打过去。感谢电话要简短，不要超过三分钟，表达自己的感谢之意即可。

学以致用

【案例分析】

某职业学校金融专业毕业的学生张华要到一家会计师事务所应聘。为了这次面试，他准备了合体的职业装，也对自己的仪容仪表进行了适当修饰。他还精心制作了个人简历，对这家单位的基本情况进行详细了解。面试时，张华提前到场静心等候，进入面试现场后他表现得礼貌得体，回答问题简洁准确、不卑不亢。张华整洁大方的职业形象给面试官留下了良好的第一印象。

面试中，主考官暂离现场，张华安静地等待。此时办公室电话铃响了，张华礼貌地帮助接起并出门请人事主管来接电话。面试结束，张华向考官表示感谢，然后轻轻带上门有礼貌地告辞离开。过了几天，张华主动打电话询问自己的应聘情况。

思考：根据本课所学内容，分析张华在求职过程中的表现如何，有哪些优秀表现。

【多棱镜】

1. 晓慧是个追求时尚的人。她在参加一家单位的人事助理面试时也打扮得很时髦：黄色卷发，浓妆艳服，一身名牌。晓慧具有人事管理专业证书，面试时态度谦和，说话条理清楚，录取应该毫无悬念，可是她却被淘汰出局了。

思考：晓慧出局的原因会是什么呢？如果你参加面试，你会怎么做？说说求职面试前的着装准备。

2. 小叶和小邵是同学，在校期间都考取了制冷设备维修工技术等级证书。毕业时，小叶四处奔波，很长时间也没找到录用单位，而小邵却求职一次就被录用了。小叶去找小邵请教求职的诀窍。还没进门，就看见小邵穿着工作服坐在小货车里发动汽车。他惊奇地跑过去问："你什么时候学会开车了？"小邵笑眯眯地说："去年夏天，晒脱了一层皮，换来个驾驶证。"

小叶看着小货车，羡慕不已，要小邵带着他转一圈。小邵说："上来吧！我正好要到客户家安空调呢。"小叶说："我也到你们公司求过职，人家没要我，你真有运气。"小邵回答："因为我既有'制冷本'又有驾驶本，经理才答应考虑考虑。当我又递上电工上岗证时，经理当场就拍了板。以前卖一台空调，得派三个人去顾客家安装，一个制冷工，一个电工，再加一个司机。现在我一个人全办了，经理还专门批给我补贴呢！"

小叶惊讶地问："你怎样弄到的电工本？"小邵说："我利用晚上和双休日参加了电工短训班，没费太大劲就把电工本考下来了。"小叶听了后悔得直捶自己的脑袋。想想自己在学校的这三年；白天轻松，晚上不累，暑假迷上了钓鱼，双休日都用来上网玩游戏，现在却面临无法就业的困境。

思考：小邵求职成功的背后是什么在做依托？

第二节　职场礼仪

阅读材料

　　听说办公室要来一位新同事，是某名牌大学的毕业生，大家都期待一睹其风采。上班时间过了5分钟，大家都投入到了忙碌而有序的工作中。"先生，您好！请问需要什么帮助吗？"小王有礼貌地问一位匆匆冲进来的男士。"噢，我是新来的，某大学毕业的。"这位男士颇为骄傲地说道，"我的办公桌在哪？""啊，您是林××，欢迎，这是您的办公桌。"小林径直走向自己的座位，把包甩到桌上，重重地坐入椅中，点燃一支烟，开始环视整个办公室。

　　思考：你喜欢这样的同事吗？为什么？

　　职场礼仪是在职场特定范围内所要遵守的礼仪规范。是否具备相应礼仪，是衡量人们职业行为最基本的标准。不论什么职业，只要身处职场，一言一行、一举一动就要符合职场礼仪规范。

　　职场的成功，并不是一蹴而就的。掌握职场礼仪的原则以及基本技巧，有利于提高我们的职场人际交往能力，有助于我们树立得体的个人职业形象，塑造优雅的职业风范，从而增强自己的职业竞争能力，成就我们的职业人生。从学生转变成职场人，要从着装、言谈举止、待人接物等多个方面进行礼仪方面的了解与规范。此外，必要的商务礼仪也是职场人应知应会的。

一、办公室礼仪

　　职场的核心就是学会与人沟通，和谐融洽的人际关系是我们职业发展以及成功必不可少的因素。平时要积极改善人际关系，特别要注意与上级、同事的沟通礼仪。

（一）上下级之间的礼仪

在工作中，上下级之间既是领导和服从的关系，同时又是平等的同事关系，应当相互尊重、平等相处。上下级之间只有遵守礼仪规范，才能相互协调，相得益彰。

1. 上级对下级的礼仪

上级要尊重他人人格。管理是一门学问，要讲究艺术与方法。即使下属犯了错也应该以理服人，按规定办事，不能又骂又罚，甚至讽刺挖苦。

上级要关心下级。上级对下属的关心无疑会成为员工努力工作的动力。上级要主动为下属扫除一些工作、生活中的障碍，他才能全身心地投入到工作中去。

上级应身正为范，忌严以律人、宽以待己。对奉承、迎合自己的下级要善意地加以批评，用自己的规范行为带动下级，从而为工作顺利、事业成功创造条件。

2. 下级对上级的礼仪

尊重领导。作为下属，应当维护领导的尊严和威望。见到领导主动打招呼，称呼要得当，不能神态傲慢。在领导面前，应有谦虚的态度，不能顶撞领导。如果与领导意见相左，也应在私下向领导说明。

理解领导。工作中对领导不能求全责备，应多替领导出主意、想办法，努力干好本职工作，不要在同事之间随便议论领导。

听从领导指挥。领导对下属有工作方面的指挥权，下级必须服从安排，即便有不同意见或想法，也应不折不扣地执行。领导安排工作时，要听好记好，领会领导意图。不明白的问题，应及时请示。事情办完后要及时向领导汇报。

提出建议要讲究方法。在工作中给领导提建议时，要注意态度、语气和场合，注意维护领导的威信。

此外，进领导办公室前应先敲门，征得允许后再进入。要根据工作的缓急情况和领导的忙闲程度妥善处理事务。

（二）同事相处的礼仪

与同事关系融洽，不但有利于做好工作，也有利于自己的身心健康。

处理好同事关系，应注意要有团队精神、合作意识，相互尽可能提供方便，以便共同做好工作。在工作中，对同事要宽容友善，要明了"人非圣贤，孰能无过"的道理。

每天进出办公室要与同事主动打招呼。同事交办的事要认真办妥，遵守诚信，自己办不到的应诚恳地说明原因。借了同事的东西要及时归还，涉及经济往来时，要大方得体，有礼有节。

（三）办公区域的礼仪

在办公室中要保持工位整洁、美观大方，避免陈列过多的私人物品。在和他人进行电话沟通或者是面对面沟通时，说话的音量应控制在彼此都能够听到为好，以免打扰他人的工作。应该尽量避免在工位上进餐，实在不可避免时要抓紧时间，就餐完毕后应迅速通风，保持工作区域的空气新鲜。

二、公务接待礼仪

在公务接待中，恰到好处地运用接待礼仪，可以给来访者留下良好的印象，有助于公务交往的顺利进行。因此，学习必要的公务接待礼仪对职场人士来说非常重要。

（一）访客接待礼仪

到车站、机场迎接客人时，应提前到达，恭候客人的到来，绝不能迟到让客人久等，还要根据客人身份地位确定接待人员和规格。

接到客人后，应首先问候"一路辛苦了""欢迎您来到我们这个美丽的城市""欢迎您来到我们公司"等，然后向对方做自我介绍。如果有名片，可递上名片。

迎接客人应提前为客人准备好交通工具，不要等客人到了才匆匆忙忙准备。

（二）接待乘车礼仪

乘车时应请宾客坐在主人右侧。外事接待中，若为两排座轿车，由专职司机驾车，客人坐在司机旁。如果是三排座轿车，客人坐在中间。上车时，客人从右侧门上，主人从左侧门上。如有夫妇两人，应女宾从右侧先上，男宾坐右侧座位。礼宾人员替其关门，关门要注意，不可夹伤客人。若为四排或四排以上的中型或大型轿车，原则上职位低的先上车，下车时顺序相反。除副驾驶座为随员座外，其他座位距前门越近位置越高，距前门越远位置越低。

（三）引导礼仪

陪客人走路时，以右为尊，一般要请客人走在自己右边。主陪人员应与客人并排走，不能落在后面。其他随同人员则应走在客人和主陪人员身后。遇到路口、走廊拐角处或楼梯口时，应该赶在客人左前方数步，回头以手示意，有礼貌地说声"请这边走"。引导客人上楼时，应该让客人走在前面，接待人员走在后面；下楼时，应该由接待人员走在前面，客人走在后面；上下楼梯时，接待人员应该注意客人的安全。

到达接待室或领导办公室门前时，要对客人说"就是这里"。如是领导办公室，要先敲门再进。如果门是向外开的，应请客人先进；如果门是向里开的，则自己先进去，拉住门，再请客人进。客人走入客厅，接待人员用手指示，请客人入座。

专项训练

两人一组练习"请"的手势及引领礼仪。

（四）搭乘电梯礼仪

等候电梯时，不应挡住电梯门口，以免妨碍电梯内的人出来。电梯到达后，应先出后进。出或入都要遵循尊者为先的原则，晚辈礼让长辈，男士礼让女士，职位低者礼让职位高者。

电梯关门时，不要扒门或强行挤入。电梯人数超载时，主动退出。

乘电梯时，如电梯有服务人员，要请客人先进。如无服务人员，应自己先进，然后让客人进。到达时要让客人先出。

进入电梯轿厢后，即使与其他人互不认识，站在开关处者也应主动做好楼层选择、厢门开关的服务工作。

进入电梯后，正面应朝电梯口，以免造成面对面的尴尬。在电梯里，尽量站成"凹"字形，以便为后入者腾出空间。在电梯中，不应高声谈笑，不要吸烟，不能乱丢垃圾。

（五）合影礼仪

正式的合影，可以排列位次，也可以不排列位次。在合影时，宾主一般均应站立，必要时，可安排前排人员就座，后排人员梯级站立。国内合影的排位，一般讲究居前为上、居中为上和居左为上。具体来看，又有单数与双数的分别。通常，合影时主方人员居右，客方人员居左。在涉外场合合影时，应遵守国际惯例，以右为尊，双方人员分主左宾右依次排开。

（六）送别礼仪

同接站时一样，来宾离开时也要热情欢送，具体要求如下：

活动的主要领导人尽可能安排时间出面告别。告别的形式可以是到来宾住宿的房间走访告别，也可以在活动结束后于会场门口道别。身份较高者还应当由领导人亲自到机场或车站送别。如果是外宾，在送别会上应向其赠送礼物。

安排好车辆，将来宾送至机场或车站。如果行李较多，接待人员要主动帮助提拿。

进入机场、月台和码头送别的，当飞机、列车、轮船启动后，欢送人员应挥手向来宾告别，直至对方看不见欢送人员为止。

三、会议礼仪

会议礼仪，是指召开会议前、会议中、会议后以及参会人员应注意的一系列职业礼仪规范。

（一）会场选择

选择会场，要根据参加会议的人数和会议的内容综合考虑。

大小要适中。会场太大，人数太少，空下的座位太多，松松散散，会给与会者一种不景气的感觉；会场太小，人数过多，挤在一起，则显得小气。英国首相丘吉尔曾说：绝对不用太大的房间，而只要一个大小正好的房间。

地点要合理。召集的会议，会议时间一两个小时的，可以把会场定在与会人员较集中的地方。超过一天的会议，应尽量把地点定得离与会者住所较近一些，免得与会者来回奔波。

附属设施要齐全。会务人员一定要对会场的照明、通风、卫生、服务、电话、扩音、录音等设备设施进行检查，以免造成损失。

此外，要有停车场，以方便与会者前来参加会议。

（二）会场布置

会场的布置包括会场四周的装饰和座席的配置。大型会议，一般会根据会议内容，在场内悬挂横幅，在门口张贴欢迎和庆祝标语。为使会场更加庄严，主席台上可悬挂国旗、党旗或国徽、会徽。桌面上如需摆放茶杯，应擦洗干净，摆放统一、美观。可根据人员的不同布置会场。

圆桌型。座次应注意安排来宾或上级领导与企业领导及陪同面对面坐。来宾的最高领导应坐在朝南或朝门的正中位置，企业最高领导与上级领导相对而坐。同级别的呈对角线相对而坐。

口字型。长形方桌比圆桌更适用于人数较多的会议。

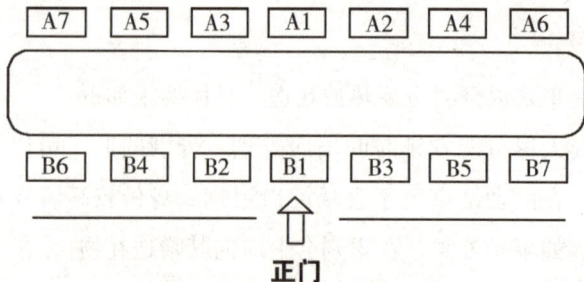

A7	A5	A3	A1	A2	A4	A6

B6	B4	B2	B1	B3	B5	B7

⇧
正门

教室型。这是采用最多的一种形式，适用于以传达情况、指示为目的的会议。与会者人数比较多，而且与会者之间不需要讨论、交流意见。这种形式下，主席台与听众席相对而坐。主席台的座次按人员的职务、社会地位排列。

（三）会议主席台座次

7	5	3	1	2	4	6

主席台

观众席

领导为奇数时，主要领导居中，2号领导在1号领导左手位置，3号领导在1号领导右手位置。领导为偶数时，1、2号领导同时居中，2号领导在1号领导左手位置，3号领导在1号领导右手位置。

画一画

领导数量分别为奇数、偶数时的主席台座次顺序图。

相关链接

座次排序基本规则如下：

以左为上（中国惯例），以右为上（遵循国际惯例），居中为上（中央高于两侧），前排为上（适用所有场合），以远为上（远离房门为上），面门为上（良好视野为上）。

（四）参加会议礼仪

1. 主持人礼仪

各种会议的主持人，一般由具有一定职位的人担任，其礼仪表现对会议圆满成功有着重要影响。

主持人应衣着整洁，大方庄重，精神饱满。走上主席台时，步伐应稳健有力，行走的速度因会议的性质而定，欢快、热烈的会议，步频应稍快。

入席后，如果是站立主持，应双腿并拢，腰背挺直。持稿时，应与胸齐高。坐姿主持时，应身体挺直，双臂前伸，两手轻按于桌沿。主持过程中，切忌出现搔头、揉眼、抖腿等不雅动作。

主持人应口齿清楚，思维敏捷，讲话简明扼要。应根据会议性质调节会议气氛，或庄重，或幽默，或沉稳，或活泼。会议过程中，主持人对会场上的熟人不能打招呼，更不能寒暄闲谈，会议开始前，可点头、微笑致意。

2. 发言人礼仪

会议发言有正式发言和自由发言两种，前者一般是领导报告，后者一般是讨论发言。

正式发言者应衣冠整齐，走上主席台时应步态自然，刚劲有力，体现一种成竹在胸、自信自强的风度与气质。发言时应口齿清晰，讲究逻辑，简明扼要。如果是书面发言，要时常抬头扫视一下会场，不能低头读稿、旁若无人。发言完毕，应对听众的倾听表示谢意。

自由发言要注意讲究顺序和秩序，不能争抢发言；发言应简短，观点应明确；与他人有分歧时，应以理服人、态度平和，听从主持人的指挥，不能只顾自己。

如果有人对发言人提问，应礼貌作答，对不能回答的问题，应机智而礼貌地说明理由。对提问人的批评和意见应认真听取，即使提问者的批评是错误的，也不应失态。

3. 参会人员礼仪

参会人员应衣着整洁，仪表大方，准时入场，进出有序，依会议安排落座。开会时应认真听讲，不要打瞌睡、交头接耳，更不要接打电话，手机应调到静音上。在听其他人发言时，如果有疑问，要通过适当的方式提出。在别人发言时，不要随便插话，以免破坏会议的气氛。发言结束时，应鼓掌致意。不要中途随意退席，即使要退席，也要征得对方同意。要利用参加会议的机会，与各方面沟通，建立良好的人际关系。

阅读材料

讨厌的铃声

王女士在报告厅听一场由著名礼仪专家讲授的商业礼仪讲座。正当全场凝神聆听时，突然有手机铃声响起。"喂，老李呀！你好你好！最近怎么样呀？"大声通话的声音在宁静的大厅中显得格外刺耳。报告者和听众的情绪都被打断。大家纷纷回头用眼神责备这位不知礼者。

职场礼仪和其他知识、能力一样，需要通过一定的学习和训练才能得到。中职学生要想成为优秀的职业人，就要坚持不懈地付出努力。要从现在做起，主动加强内在修养，努力提升自己的人格魅力，发展自己的职业个性；在学习与工作中严格遵守行为规范，切实按照岗位要求规范自己的言行，指导自己的各种实践。

情景模拟

利用本课所学知识，设计开会场景，练习主持人、发言人、参会人员礼仪。

学以致用

【多棱镜】

1. 不受欢迎的同事

午饭时，几位年轻女孩聚在一起小声议论起单位里的某位同事："嗨，你说张三这个人讨厌吧！今天又跑来问我借计算器，每次借东西从来不主动还回来，还要我去催，真够烦的！""真的？他也跟你借东西？平时他总是到我这里来借这借那的，为什么自己不事先准备好？"第三个女子又插进来："他也跟我借过，上次借的尺子就没有还回来！""这个人就是这样，一点规矩也不懂，到人家办公室翻这翻那，又老喜欢坐着不走，东拉西扯的，人家本来工作就很忙，谁有时间和他闲扯！""真的？他是这样的人啊？以后再来借东西，我要考虑考虑了！"

思考：文中的张三有什么问题令同事讨厌？具体说说和同事相处的礼仪。

2. 王勇被辞退

王勇是某职业学校商贸专业毕业生，他到一家超市实习，做收银员。王勇不喜欢穿超市统一工装，觉得没有个性，就穿着自己喜欢的牛仔服上班，被管理人员警告两次后，虽然内心不以为然，也只好天天穿工装上班。工作时，他用方言接待顾客，遭到顾客多次投诉。王勇被调到玩具部做销售工作，他觉得是领导故意跟自己过不去，和领导大吵了一架后，对顾客的提问不理不睬……王勇最终被超市辞退。

思考：是什么原因导致王勇被超市辞退？他在哪些方面存在礼仪缺失？工作场合如何摆正心态，处理好和上级的关系？

【社会调查】

走访几家单位，采访办公室主任和工作人员，了解各单位办公室人员对会议座次的了解情况，写一篇调查报告。

单元总复习

【麻辣烫】

读图，图中人物的做法符合职场礼仪吗？遇到这种情况你会怎么做？

【小品表演】

1. 面试。
2. 来宾接待。

【职业规划】

课外研究课题：了解关于职业的相关信息，为自己做一个阶段性的职业生涯设计。

第七单元　社交礼仪

一个人要生存和发展，就必须以各种形式与他人进行交往。不但要重视基本交际礼仪的学习，还要在实践中正确地加以应用。

【学习目标】

1. 明确称呼礼仪，表达热情友善。

2. 应用致意礼，和谐人际关系。

3. 明确并熟练应用握手礼、鞠躬礼、介绍礼、名片礼仪，促进人际交往。

4. 明确交谈礼仪，掌握沟通技巧。

5. 掌握餐饮礼仪，提升个人素养。

　　如果在社会交往中，大家都能遵守人际交往的礼仪规范，人与人之间就会建立默契，进而容易达成共识，实现轻松、愉快、文明的交往。

　　人际交往是人们为满足自己的各种需求而采取的自觉自主的活动过程，及在这个过程中形成的与他人的关系，其出发点和归宿是人的需求的满足。因此，人际交往的过程就是人的感情沟通的过程，是一个复杂的心理感受与反应的过程。

第一节　见面礼仪

　　学唱歌曲《春暖花开》，体会人际交往中奉献和帮助的感情。

阅读材料

　　英国女王维多利亚有一次去参加一个社交活动，深夜才回到寝宫。她敲门，只听丈夫在房内问："谁？""我是女王。"女王回答。可是，门却没有开。

　　女王再敲门。丈夫又问："谁呀？""维多利亚。"女王答道。门仍然没有开。

　　女王在门口犹豫了一会儿，又一次敲门。丈夫仍旧问："谁呀？"

　　这一次，女王温柔地回答："你的妻子。"

　　门终于开了，丈夫热情地将妻子迎了进去。

想一想

　　上文中的称呼有什么不同？为什么会产生不同的效果？日常交往中，你是如何称呼别人的？

一、称呼

　　称呼是指人们在日常交往中所采用的称谓语。在人际交往中，选择正确、恰当的称呼，是对他人尊重、友好的表示，是社交活动的基本礼貌，是人际交往中不可缺少的礼仪因素。

（一）称呼的方式

　　要根据对方的身份、地位、职业、年龄、性别以及所处的场合恰当选择称谓语。

1. 姓名性称谓

称呼姓名，一般限于同事、熟人之间。具体方法有三种：直呼姓名，如"李明""张伟"等；只呼其姓，不称其名，但要在姓的前面加上"老""大""小"等，如"小张""老王"等；只称其名，不呼其姓，尤其是上级称呼下级、长辈称呼晚辈时，在亲友、同学、邻里之间，也可使用这种称呼。

2. 性别性称谓

根据性别的不同，还可以称呼"小姐""女士"或"先生"。"小姐"是对未婚女性的称呼，"女士"是对女性的尊称，"先生"是对男性的尊称。

3. 职称性称谓

对有职称者，尤其是具有高级、中级职称者，可以称姓氏加职称，如"冯教授""陈工程师"，或简称"陈工"等。

4. 职务性称谓

以职务相称，以示身份有别、敬意有加，这是一种最常用的称谓。以职务相称，一般有三种情况：

只称职务，如"董事长""经理""主任"等。

姓氏＋职务，如"赵经理""孙主任"等。

姓名＋职务，如"赵某某部长""孙某某主任"等，主要用于特别正式的场合。

在使用职务性称谓时，对带有"总"字的头衔可用简称，如"李总""周总"。如果是副职，在称呼时一般可去掉"副"字，如"王副经理"，要称"王经理"。但是，在特别正式、隆重的场合不能使用简称。

5. 行业性称谓

对于从事某些特定行业的人，可以称姓氏加职业，如"魏老师""齐律师""韩会计"等。

6. 零称呼

指称呼出现空缺，可以用礼貌的问候语、致歉语来代替，如："您好，现在几点？""对不起，附近有银行吗？"杜绝用不礼貌的"喂""哎"等叹词或用指人的"的"字结构称呼来代替，如"戴眼镜的""骑自行车的"。在社交场合，这是非常不礼貌的。

（二）称呼的礼仪规范

称呼是否恰当，既反映了说话人的思想修养和文化修养，也影响到人际交往的效果。在称呼的使用上应注意以下几个问题：

对领导、长辈和客人不要直呼其名，可以在其姓氏后面加合适的尊称或职务。

对相交不深或初次见面的客人，表示敬意应用"您"，而不要用"你"。

在日常工作中，对一般交往对象，可分别称"同志""老师""先生""小姐"等。

在非正式场合，对同事可根据年龄来称呼，如"老陈""小张"等。

对较熟悉的朋友和同学可直呼其名。

多人交谈的场合，应遵循先上后下、先长后幼、先女后男、先疏后亲的顺序。

在涉外场合，应避免使用容易引起误会的一些称谓。如"爱人"这个称谓，在英语里是情人的意思。

练一练

自设场景，进行称呼的练习。

相关链接

涉外场合称呼

俗话说："十里不同风，百里不同俗。"在涉外交往中，称呼因为国情、民情、宗教、文化背景不同而千差万别。因此，在称呼上一定要认真对待，避免出现错误。

在国际交往中，一般对男子称"先生"，对已婚女子称"夫人"，对未婚女子统称"小姐"，不了解婚姻情况的女子也可称"小姐"。这些称呼可冠以姓名、职称、衔称等，如"布莱克先生""议员先生""市长先生""上校先生""玛丽小姐""秘书小姐""护士小姐""怀特夫人"等。

对地位高的官方人士，一般为部长以上的高级官员，按国家情况称"阁下"、职衔或"先生"，如"部长阁下""总统阁下""主席先生/阁下""总理阁下"，但美国、墨西哥、德国等国没有称"阁下"的习惯，这些国家可称职衔或"先生"。

对于君主制国家，按习惯称国王、皇后为"陛下"，称王子、公主、亲王等为"殿下"。

对医生、教授、法官、律师以及有博士等学位的人士，均可单独称"医生""教授""法官""律师""博士"等。同时可以加上姓氏，也可加"先生"。如"卡特教授""法官先生""律师先生""博士先生""马丁博士/先生"等。

对军人一般称军衔或军衔加"先生"，知道姓名的可冠以姓名，如"上校先生""莫利少校""维尔斯中尉先生"等。有的国家对将军、元帅等高级军官称"阁下"。

对服务人员一般可称"服务员"，如知道姓名可单独称名字。现在很多国家越来越多地称服务员为"先生""夫人""小姐"。

对教会中的神职人员，一般可称教会的职称，或姓名加职称，或职称加"先生"，如"福特神父""传教士先生""牧师先生"等。有时主教以上的神职人员也可称"阁下"。

二、致意

致意是一种常用的礼节，它表示问候之意，通常用于相识或不相识的人在不同场合打招呼。

（一）点头致意

适用于不宜交谈的场合，如会议、会谈进行中与相识者相逢，或遇上多人无法一一问候时，都可点头致意。点头致意的方法是：头部向下轻轻一点，同时面带笑容，不宜反复点头，也不必点头幅度过大。

（二）举手致意

举手致意的场合与点头致意大致相似。它适合向距离较远的熟人打招呼。其做法是：右臂向前方伸直，右手掌心朝向对方，拇指分开，其他四指并齐，轻轻向左右摆动一两下。手的高度视与受礼人的距离远近而定，较近距离的，手的高度与头部平齐；距离较远时，手的高度可略高。

（三）欠身致意

这是指坐着的人向来到身边的人或路过身边的人微微欠身，做出要站起来的姿势，以表示恭敬或友好。

（四）脱帽致意

朋友、熟人见面，若戴着有檐的帽子，则以脱帽致意最为适宜。其方法是：微微欠身，用距对方稍远的一只手脱下帽子，将其置于大约与肩平行的位置，同时与对方交换目光。若一只手拿着东西，则应以另一只空着的手去脱帽。女士在社交场合可以不脱帽。

（五）注目致意

注目致意又称注目礼，一般在升国旗、游行检阅、剪彩揭幕、开业挂牌等情况下使用。具体做法是：起身立正，抬头挺胸，双手自然下垂贴放于身体两侧，面容庄重严肃，双目正视行礼对象或随之缓缓移动。

（六）拱手致意

俗称拱手礼，是我国民间传统的见面礼，常用于过年时举行团拜活动，向长辈祝寿，向友人恭喜结婚、生子、晋升、乔迁，向亲朋好友表示感谢等。行礼时，应起身站立，上身挺直，一手抚抱另一拳在胸前，自上而下或者自内向外，有节奏地晃动两三下。拱手礼是最能体现中国人文精神的见面礼节。拱手礼男女有别。标准的姿势是男子右手成拳，左手包住，因为右手是攻击手，包住以示善意；女子则相反，不抱拳，只压手。

（七）鼓掌致意

在欢迎、欢送、祝贺、鼓励他人时使用的礼节。最标准的动作是：面带微笑，举起前臂，抬起左手手掌至胸前，掌心向上，以右手除拇指外的其他四指轻拍左手中部。此时，节奏要平稳，频率要一致。至于掌声大小，则以与气氛相协调为宜。

（八）起立致意

常用于较正式场合。长者、尊者到来或离去时，在场者起立表示致意。

致意时应注意：在各种场合，男士应先向女士致意，年轻者先向年长者致意，学生先向老师致意，下级先向上级致意。女士只有在遇到上级、长辈、老师及见到一群朋友时，才先向对方致意，其他场合只点头或微笑致意即可。致意要文雅，一般不要在致意的同时向对方高声喊叫，以免妨碍他人。遇到对方向自己致意，应以同样的方式向对方还礼。

> **练一练**
>
> 创设情境，练习点头、举手、欠身、拱手、注目、脱帽、鼓掌、起立致意礼仪。

相关链接

其他国家常用致意礼

1. 拥抱礼

拥抱礼是流行于欧美的一种见面礼节。拥抱礼多流行于官方或民间迎送宾朋或祝贺致谢等场合。行礼时，通常是两人相对而立，各自左臂偏上，右臂偏下，右手环抚于对方的左后腰，左手环抚于对方的右后肩，彼此将胸部各向左倾相抱，头部相贴，然后再向右倾相抱，接着再做一次左倾相抱。当代，许多国家的涉外迎送仪式中，多行此礼。

欧洲人非常注重礼仪，他们不习惯与陌生人或初次交往的人行拥抱礼、亲吻礼、贴面礼等。所以初次与他们见面，还是以握手礼为宜。

2. 合十礼

合十礼是流行于泰国、缅甸、老挝、柬埔寨、尼泊尔等佛教国家的见面拜礼。在泰国，行合十礼时，一般是两掌相合，十指伸直，举至胸前，身子略下弓，头微微下低，口念"萨瓦蒂"。"萨瓦蒂"系梵语，原意为"如意"。

3. 亲吻礼

亲吻礼源于古代的一种常见礼节。人们常用此礼来表达爱情、友情、尊敬或爱护。法国是世界上第一个公开行亲吻礼的国家。不同身份的人，相互亲吻的部位也有所不同。一般而言，夫妻、恋人或情人之间，宜吻唇；长辈与晚辈之间，宜吻脸或额；平辈之间，宜贴面。

在当代，许多国家在迎宾场合，宾主往往以握手、拥抱、左右吻面或贴面的连动性礼节，以示敬意。

三、握手礼

握手是人们在现代交际场合中司空见惯的礼节，也是人们沟通思想、交流感情、增进友谊的重要方式。

（一）次序

体现尊者优先的原则。年长者与年轻者握手应该由年长者先伸手，后者迎握；女士与男士握手，应女士先伸手，男士迎握；职务、身份高的与职务、身份低者握手，应职务高者先伸手，后者迎握；主人迎接客人到来，应主人先伸手，客人迎握，道别时则相反。

（二）姿势

距离受礼者约1米，两腿立正，上身稍向前倾，伸出右手，四指自然并拢，拇指张开，掌心向左，以手指稍用力握对方手掌，持续1~3秒，上下轻摇几下。双目注视对方，微笑致意。同时，根据场合使用适当的握手语，如"您好""很高兴认识您"等。

（三）禁忌

与多人握手，不要争先恐后，应遵循次序，依次而行。

不要戴着手套握手，但女士戴的装饰性手套可以不摘。

握手时不要将左手插入衣袋或裤袋里。

握手时不要东张西望、漫不经心或与第三者谈话。

握手时不要长篇大论、滔滔不绝或点头哈腰、过分热情。

握手时不要将对方的手拉过来、甩过去或拉着手抖动不停。

不要递给对方冷冰冰的指尖。

握手时不要拒绝与他人握手。

练一练

创设情境，练习男女士握手、上下级握手、长晚辈握手礼仪。

相关链接

握手礼的由来

说法一：战争期间，骑士们都穿盔甲，除两只眼睛外，全身都包裹在铁甲里，随时准备冲向敌人。如果表示友好，互相走近时就脱去右手的甲胄，伸出右手，表示没有武器，互相握手。后来这种友好的表达方式流传到民间，就成了握手礼。

说法二：握手礼来源于原始社会。早在远古时代，人们以狩猎为生，如果遇到素不相识的人，为了表示友好，就赶紧扔掉手里的打猎工具，并且摊开手掌让对方看看，示意手里没有藏东西。后来，这个动作被武士们学到了，他们为了表示友谊，不再互相争斗，就互相摸一下对方的手掌，表示手中没有武器。随着时代的变迁，这个动作就逐渐形成了现在的握手礼。

四、鞠躬

鞠躬礼是我国的传统礼节。鞠躬礼源于我国先秦时代，是一种表示谦虚和尊重的礼节。

（一）类型

一般来说，行鞠躬礼时，下弯的幅度越大，次数越多，表示敬重的程度越大。

15°鞠躬礼，它适用于同事见面、路遇熟人，在社交场合同时碰上多人而无法一一问候时施行。

30°鞠躬礼，较郑重的行礼，适用于社交、工作环境中的接待、服务，如在课堂上师生互相行礼时采用。

45°鞠躬礼，在表达诚恳道歉或深深敬意时使用。

90°鞠躬礼，在某些特殊的社交环境中采用，如追悼会、婚礼。

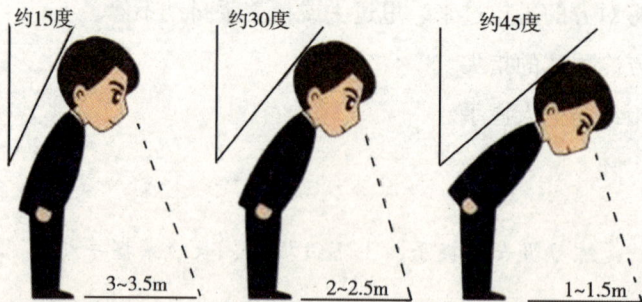

约15度　约30度　约45度

3~3.5m　2~2.5m　1~1.5m

练一练

练习 15°、30°、45°、90°鞠躬礼。

（二）动作要领

行鞠躬礼时，在标准站姿的基础上，微笑面对客人。男性双手放于体侧下垂，女性双手合拢放于体前，以臀部为轴心，上身挺直并向前倾斜。视线由对方脸上落至自己脚前 1.5～2 米处。稍后抬头直腰，再次目视对方，速度适中。鞠躬的同时要问好，声音要热情、亲切。

学以致用

【案例分析】

20 世纪 60 年代，美国总统约翰逊访问泰国。在与泰国国王会见时，约翰逊竟毫无顾忌地跷起了二郎腿，脚尖正对着国王。这种姿势在泰国带有侮辱含义，因此引起泰国国王的不满。更为糟糕的是，约翰逊在告别时竟然用德克萨斯州的礼节紧紧拥抱了王后。这使泰国举国哗然，也成为涉外交往的一段笑话。

思考：造成约翰逊外交失败的原因是什么？如何正确使用致意礼？

【多棱镜】

1. 我是一位 15 岁的中学生，眼睛有点近视，平时坐公交车时经常给老人让座。昨天下午，我看到一位 50 多岁的妇女上车后站立不稳，就站起来说："大妈，你坐我这儿吧。"谁知她不但不谢我，反而气冲冲地说："我有那么老吗？你是挖苦我还是怎么的？"

思考：中学生的善举为什么没有得到感谢？应如何正确运用称呼礼？

2. 职专毕业生小王到一位年轻的女教师家做客。一进门，就遇到了个难题：女老师的爱人也在家，该怎么称呼他呢？大哥？叔叔？不太合适！师父、师公？太别扭了，再说也不是这种叫法。叫老师？也不太好！

思考：请你帮助小王想个合适的称呼。

【活学活用】

不同场合的称呼

场合	称呼的表达规律	举例
社交场合	姓＋职称 姓＋职务 姓＋职业 姓＋头衔 姓＋爵位	张教授、刘工程师 王局长、钱董事长 李医生、杜老师 张司令、马团长 爱德华伯爵
正式场合	姓名 泛尊称 职业称	刘莹、杨子浩 程先生、刘女士 导游小姐、大使先生
非正式场合	姓＋辈分 辈分 老＋姓、小＋姓	陈阿姨、丁叔叔 阿姨、叔叔、伯伯 老张、小杨

【情景表演】

1. 不同情景下的握手：老同学见面、初次就职、采访老红军。

2. 不同情景下的鞠躬：社交中、工作中、婚礼上。

3. 不同情景下的称呼：遇到领导、遇到熟人。

【看图说话】

上图中的握手礼使用正确吗？如果不正确，说说为什么。

第二节　介绍礼仪

介绍包括自我介绍和介绍他人。学会介绍自己和他人，是社交活动中相互了解的基本方式。恰如其分的介绍，可以迅速拉近彼此距离，彰显一个人的礼仪修养。

一、自我介绍

自我介绍，就是在社交场合，把自己介绍给其他人，使对方认识自己。恰当的自我介绍，不但能增进他人对自己的了解，还可以产生意料之外的效果。

（一）自我介绍的时机

当你是活动的主持人或主角时，一亮相就需要做自我介绍；当需要结识一个人时，也需要自我介绍；当主人无法抽身为你做介绍，为了交往方便，避免尴尬，可以主动做自我介绍。介绍时通常先问候对方，对方有所注意时再简要介绍自己。

（二）自我介绍的方式

1. 工作式

自我介绍的内容，包括本人姓名，供职的单位以及部门，担任职务或从事的具体工作等。例如："您好，我叫马小军，是光华科技公司的业务员。"

2. 交流式

适用于社交活动，内容包括本人的姓名、工作、籍贯、学历、兴趣以及与交往对象的关系等。是一种寻求与交往对象进一步交流、沟通并建立联系的自我介绍。

3. 问答式

针对对方提出的问题，做出回答。这种方式适用于应试、应聘和公务交往。举例如下。

问："这位先生您好，不知该怎么称呼您？"

答："先生您好，我叫李林。"

问："你来参加商场的这次面试，请介绍一下你的基本情况。"

答："各位主考官，你们好，我叫李林，今年 18 岁，淄博市沂源县人，共青团员，毕业于沂源县职业教育中心学校商贸专业。在校期间荣获普通话二级甲等证书、硬笔书法五级证书、珠算六级证书、计算机录入证证书等各种专业技能等级证。……"

4. 礼仪式

这是一种表示友好、敬意的自我介绍，适用于讲座、报告等正规场合。内容包括姓名、单位、职务等。自我介绍时，还应多加入一些适当的谦辞、敬语，以示尊敬交往对象，彰显礼仪风范。例如："各位来宾、各位领导，大家好！我是李云鹏，是金辉商业大楼的总经理。现在我代表我们大楼，热烈欢迎各位光临我们的开业仪式，谢谢大家的支持！"

5. 应酬式

这种方式最简洁，往往只介绍姓名即可。它适合于一些公共场合和一般性的社交场合，如途中邂逅、宴会现场、舞会、电话等。

阅读材料

凌峰的自我介绍

在下凌峰，这两年，我大江南北走了一道，男观众对我的印象特别好，因为他们见到我就有优越感，本人这个样子对他们没有构成威胁。他们很放心，他们认为本人长得很中国，中国五千年的沧桑和苦难都写在我的脸上了。一般来说，女观众对我的印象不太好，有的女观众对我的长相已经到了忍无可忍的地步。她们认为我是"人比黄花瘦，脸比煤球黑"。但是我要特别声明，这不是本人的过错，实在是父母的错误——当初并没有征得我的同意就把我生成这个样子……

温馨提示

妙趣横生的自我介绍，在让观众捧腹大笑的同时，也给观众留下了坦诚、幽默的好印象。

（三）自我介绍的注意事项

态度要自然、友善、亲切、随和，落落大方，笑容可掬。语气自然，语速正常，语言清晰。切忌妄自菲薄，要敢于正视对方的面部，胸有成竹、从容不迫。自我介绍的内容要实事求是，过分谦虚或夸大其词都是不可取的。

（四）自我介绍的姿势

标准姿势站好，面带微笑，身体稍前倾，右手掌心向内，指向自己的左胸部位。

练一练

自我介绍专项训练。

二、介绍他人

在日常生活中，通过相互介绍，可以扩大自己的朋友圈。

阅读材料

介绍不及时惹尴尬

小王请客，家里来了很多客人，其中有些人彼此不熟悉，小王夫妻俩忙着煮饭做菜，没及时替在场的客人做介绍。客人坐在一起闲聊时，一位女士说："现在干什么工作都不容易，不像那些明星、主持人，无才无能，只凭相貌就能走红。咱们市电视台播音员刘某某，除了漂亮，有什么本事？"其实她所说的刘某某，正是在场一位男士的妻子。听她这么一说，这位男士忍不住翻了脸……

温馨提示

作为主人，对相互不认识的客人，要及时引见、介绍，不妨把客人的具体情况介绍得详细一些，以免发生误会。

1. 介绍人礼仪

在普通场合，介绍人应由秘书、陪同、公关人员、接待人员等专业人士或与双方均熟悉之人担任。在重要场合介绍贵宾时，介绍人必须由在场之人中地位最高者担任。家庭聚会中，一般由女主人充当介绍人。

2. 介绍的顺序

介绍他人之前应征得双方的同意，尤其要了解地位较高一方有无此意愿。在介绍他人时，要遵循尊者拥有优先知情权的原则，即先将身份地位低的一方介绍给身份地位高的一方，以示对尊者的敬重之意。

具体顺序是：将男士介绍给女士；将年轻者介绍给年长者；将职位低者介绍给职位高者；将客人介绍给主人；将晚到者介绍给早到者；若一方有多人，则最为标准的方式是由地位高者开始介绍，并依次进行；

先介绍地位低的群体，后介绍地位高的群体。

3. 介绍用语

介绍时，语言应简洁、清楚、明确。一般做法是，向受介绍一方说"我来介绍一下"或者说"请允许我向您介绍"，也可以用征询的口气问："您愿意认识××吗?"介绍时陈述时间宜短不宜长，内容宜简，同时避免厚此薄彼。

当你成为被介绍人时，一般应该站在另一被介绍人的对面，及时握手，并致以问候"你好"或"认识你很高兴"，也可以递上名片说"请多指教"或"请多关照"。

例如，要把一位姓张的老师介绍给一位姓王的主任，可介绍说："王主任，这位是技术学校的张老师；张老师，这是商业学校的王主任。"

4. 介绍的姿态

在介绍时，一般都应站立，特殊情况时，年长者和女士可除外。当然，在宴会或会谈桌上可以不起立，被介绍者只要微笑点头即可。做介绍时，介绍人抬起前臂，五指并拢伸直，手掌向上倾斜，指向被介绍者胸部以上的位置。介绍人不能用手拍被介绍人的肩、背等部位，更不能用食指或拇指指向被介绍的任何一方。在被介绍后，双方一般要握手，目光相视时应轻柔，做到表情悦人、举止优雅、仪态自然大方。

> **练一练**
> 1. 三人一组，进行介绍他人专项训练。
> 2. 练习在工作场合、社交场合、家庭聚会中的介绍。

三、名片礼仪

名片是社会交往中一种自我介绍的媒介，也是私人交往的联谊卡。在递交名片时，应选择恰当的时机，注意递出和接受名片时的方法和礼仪。

1. 递交名片的时机

应当事先将名片取出，递交名片的时间应当根据具体情况而定。如果是事先有约，一般可在告辞时再递上名片。如果双方是偶然相遇，则可在相互问候得知对方与你有交往意愿时，再递交名片。与多人交换名片时，要注意讲究先后次序，或由近而远，或由尊而卑，切勿采取跳跃式。

2. 递接名片的姿势

应双手递交。用拇指和食指捏住名片上端的两角，送到对方胸前，名片的文字要正向对方，以便对方观看。同时应该使用敬语"请多指教""认识您很高兴"等语言做呼应，以示尊重对方。

接受名片时，应恭恭敬敬，双手捧接，并表示感谢。接受名片者应当首先认真地看名片上的内容，表示对赠送名片者的尊重。接过名片后，如有不认识或读不准的字要虚心请教，然后把名片放进名片夹或笔记本、工作证里收好。

3. 名片的存放

在参加交际活动之前，要提前准备好名片，并进行必要的检查。随身所带的名片最好放在专用的名片夹里，也可放在上衣口袋里。不要把名片放在裤袋、裙兜、提包、钱包里，那样既不正式，又显得杂乱无章。在自己的公文包以及办公桌抽屉里，也应备有名片，以便随时取用。

存放名片的方法有四种：按姓名的外文字母或汉语拼音字母顺序分类，按姓名的汉字笔画的多少分类，按专业或部门分类，按国别或地区分类等。若收藏的名片很多，还可以编上索引，以方便使用。

4. 名片的索取

一般不要向别人索取名片。如有必要，可以用以下方法：向对方提议交换名片；主动递上本人名片；如向尊者索要名片，应该说"今后如何向您请教"；向平辈或晚辈索要名片，应该说"以后怎样与你联系"。

练一练

三人一组，进行工作、社交场合中的介绍及名片递接练习。

学以致用

【多棱镜】

某公司王经理约见一个重要的客户经理。见面之后，客户就将名片递上。王经理看完名片就将名片放到了桌子上，两人继续交谈。过了一会儿，服务人员将咖啡端上桌，请两位慢用。王经理喝了一口，将咖啡杯顺手放在了名片上，客方经理不由皱起了眉头。

思考：客房经理为啥皱眉头？应该如何保存收到的名片？

【技能训练】

自由组合，创设情境，练习自我介绍、为他人介绍、递送名片等礼仪技巧，重点练习姿态和语言。

【知识问答】

1. 自我介绍的方式有哪些？
2. 为他人介绍的具体顺序是什么？

第三节　交谈礼仪

看看说说

从下面题目中选择一个，进行一分钟发言，测测你的语言功底。

1. 介绍你自己或你的一位同学。
2. 介绍你喜欢的电视节目。
3. 介绍网上的一个热门话题。
4. 向同学（或老师）提一个建议。
5. 介绍你的兴趣、爱好。

案例赏析

在一次演讲中，一位著名演讲家言辞恳切地向听众提出建议：要注意说过的话的后果，因为语言具有无穷的力量。就在这时，一位青年举手表达他的不同见解："当我说'幸福、幸福、幸福'时，我并不觉得有什么快乐；当我说'不幸、不幸、不幸'时，我也不会因此而倒霉。所以，我认为语言只是我们使用得很普遍的工具，并没有所谓的'无穷的力量'……"此言一出，一些听众开始窃窃私语，个别人大声声援这位青年。显然，他的观点颇有代表性。会场一时有些混乱。

"笨蛋！笨蛋一个！"演讲家突然在台上大声呵斥起这个青年来："你根本就没有理解我话里的意思！"演讲家有失风度的反应让所有听众大为吃惊，会场突然安静下来。这个青年先是震惊得目瞪口呆，但很快就镇静下来，开始怒不可遏地反击："你才是笨蛋！你才是……"演讲家没有接茬，而是以让人深感意外的诚恳语气说："对不起，我刚才情绪失控，希望您能接受我最真诚的道歉。"

大家对这戏剧性的一幕充满了好奇和不解，演讲家在停顿了几秒钟后，微笑着继续进行自己的演讲："大家看到了吧，刚才我只不过说了一声'笨蛋'，这位青年就要跟我拼命。后来，我又只不过说了几句话，他的怒气也就消了。这说明了什么呢？说明了语言的力量是无穷的。你说出的话，有时会像一块石头，砸到他人身上，使他人受伤；有时又会像春日里的和风，吹拂到他人身上，让他人倍感舒畅。这就是语言的威力啊！"

思考：演讲家用什么样的方式说明了语言的威力？

交谈是建立良好人际关系的重要途径，是连接人与人之间思想感情的桥梁，是增进友谊、加强团结的一种动力。强化语言方面的修养，学习、掌握并运用好交谈礼仪，至关重要。

一、交谈的态度

与人交谈时，态度上应该谦恭敬人，具体表现在以下方面。

（一）自信、真诚、坦率

社交中的交谈首先要求交谈者有充分的信心，表情自然，语气平和可亲。要认真对待交谈的主题，坦诚相见、直抒胸臆、明明白白地表达各自的观点和看法。

（二）互相尊重

在交谈中，任何人都希望得到对方的尊重。交谈双方无论地位高低、年纪大小、长辈晚辈，在人格上都是平等的。所以，谈话时，要把对方作为平等的交流对象，在心理上、用词上、语调上体现出对对方的尊重。

（三）三思而后言

在与人沟通的过程中，往往会因为一句话而引起他人的不悦。因此，与人交谈，应想好了再说或者少说，切不可冒冒失失、胡乱议论，甚至不知所云。

二、交谈的语言

语言是人类交往的工具，交际的成功必须要重视语言艺术。但丁说过："语言作为工具，对于我们之重要，正如骏马对于骑士的重要。"

（一）标准规范

一个国家，语言标准化、规范化的程度往往反映这个国家的文明程度。交谈的语言应该规范、通俗、文明、准确、艺术，应尽量使用普通话，表达应准确，少用容易产生歧义的词。

（二）委婉含蓄

交谈时语言委婉含蓄、优雅动听是有教养的表现。它能营造出友善欢乐的气氛，也有益于人们的身心健康。由于民族习惯、地方风俗的影响，某些忌讳词语在交谈时不宜直接明说，而应换个委婉含蓄的词语来表达。这体现了对他人的尊重，也会给人留下良好的印象。

阅读材料

一位肝癌晚期病人去就医。

甲医院："你这病没法治啦，拖不过半年，想开点吧，想吃什么就吃什么，想干什么就干什么吧。"

乙医院："别害怕，我们一定想办法给你治病。我们医院有先进的医疗设备和特效药品，这些年来积累了治疗你这种病的丰富经验。曾经有几位病人病情比你还严重，经过本院的治疗，效果很好。请你相信我们，积极配合我们的治疗。"

最后，病人走进了乙医院。

（三）适度幽默

在现代人际交往中，幽默被誉为"没有国籍的亲善大使"，它展现了说话者的风度修养，让听者在忍俊不禁中对说话者产生好感，拉近彼此之间的距离。

阅读材料

美国钢琴家波奇到密歇根州福林特城演出。他登上舞台，竟发现观众寥寥，多半座位没人，场面十分冷清。他定了定神，幽默地对观众说："福林特城的人一定很有钱，我看到你们每个人都买了两三个座位的票。"整个剧场顿时笑成一片，演出在欢快的气氛中开场。

（四）随机应变

社交场合遇到一些难以回答的问题，横眉怒目或无可奉告是浅薄与无能的表现，最好的表现是用机智幽默的语言应答，从而体现出一个人良好的文化修养、渊博的学识和精深独到的思辨能力，这是构成风度美的重要因素。

阅读材料

1952 年，获得奥斯卡最佳女主角奖的雪莉·布丝莱在上台领奖时不小心绊了一下，差点摔倒，她在接下来的致辞中说："我经历了漫长的艰苦跋涉，才到达这事业的高峰。"全场顿时掌声雷动。她将上台时的磕绊与拍电影历经的艰辛并论，既揭示了事业成功的真谛，又化解了尴尬。

（五）简洁精练

简洁是语言的灵魂。古人曰："事以简为止，言以短为当。"意思是说，我们要用尽量少的字句表达尽量多的内容。交谈应根据实际情况，该短则短，该长则长。这样既能放得开，又能收得拢，使交谈显示出光彩照人的艺术魅力。

📖 阅读材料

美国著名作家马克·吐温有一次在教堂听牧师演讲。最初，他觉得牧师讲得很好，使人感动，准备捐款。过了10分钟，牧师还没有讲完，他有些不耐烦了，决定只捐些零钱。又过了10分钟，牧师依然滔滔不绝，他决定一分钱也不捐了。等到牧师终于结束了冗长的演讲，开始募捐时，马克·吐温出于气愤，不仅未捐钱，还从盘子里拿走了两元钱。

虽然马克·吐温拿走两元钱的行为不对，但这个故事说明，与人交流，说话时间的长短要恰到好处，多说无益。

（六）语言优美

在交谈中使用和蔼可亲、优美动听的语言，可以提高语言的表现力，增加说话者的个人魅力，获得最佳的交际效果。

📖 相关链接

交谈禁忌

一忌打断话头，抢占上风。

二忌精力分散，东张西望。

三忌没完没了，啰唆重复。

四忌漫不经心，应付敷衍。

五忌信口开河，没有中心。

六忌耻笑缺陷，侮辱人格。

七忌议论他人，挑拨离间。

八忌自吹自擂，狂妄骄横。

九忌避实就虚，打"太极拳"。

十忌轻下结论，自以为是。

三、交谈的技巧

交谈要注重礼节，合乎规范。掌握交谈的技巧，是交往顺利的润滑剂。

（一）掌握时机

交谈要看准时机，"言贵精当，更贵适时"。与陌生人来往，在30秒钟内开口打招呼十分重要，一照面就客气地寒暄几句，显得自然、随和又热情，为下面的交谈打下基础。把握交谈的适宜时机，是交际成功的重要因素。

（二）适当寒暄

寒暄，即见面打招呼，互相问候一下，以示礼貌和关心。寒暄能在两个陌生人之间架起一座友谊的桥梁，寒暄能产生认同心理，满足人们的亲和需求。寒暄语的运用就像打开话匣子的钥匙，帮助人们顺利地谈话。

例如，路遇熟人要主动开口，可以用"今天天气真好"来引出交谈的话题。也可以说"你今天戴的发卡真漂亮"这些赞美之辞，会让人听后心情舒畅。

（三）找准话题

找准话题，就会与对方产生共鸣。谈论别人感兴趣的事物，是与对方愉快相处的最佳方式，也是对别人的一种尊重。

阅读材料

每一个拜访过美国总统西奥多·罗斯福的人，都会对他渊博的知识感到惊讶。哥马利尔·布雷佛写道："无论是一名牛仔或骑兵、纽约政客或外交官，罗斯福都知道该对他说什么话。"西奥多·罗斯福是怎么办到的呢？很简单，有人来访的前一天晚上，罗斯福都会翻读这位客人特别感兴趣的话题资料。因为罗斯福知道，打动人心的最佳方式是找准话题，与对方心灵产生共鸣。

（四）使用谦敬语与礼貌语

在生活中，正确地使用谦敬语和礼貌语，可以沟通双方感情并产生凝聚力。它可以使互不相识的人乐于相交，可以使初次见面的人很快亲近起来；请求他人时，可使他人乐于提供帮助；在发生不愉快时，可以避免冲突，得到谅解；洽谈业务时，可使对方乐于合作；在服务工作中，可以给人温暖亲切的感受；在批评他人时，可以使对方诚恳接受。一个有教养的人，应当掌握使用谦敬语、礼貌语的艺术，自如地将它们运用于各种场合，如文明礼貌十字用语：您好、请、谢谢、对不起、再见。

相关链接

常用敬语和谦语

初次见面说"久仰"，久别重逢说"久违"。

请人批评说"指教"，请人原谅说"包涵"。

求人帮忙说"劳驾"，求人方便说"借光"。

麻烦别人说"打扰"，向人祝贺说"恭喜"。

请人看稿称"阅示"，请人改稿称"斧正"。

请人解答用"请问"，请人指点用"赐教"。

托人办事用"拜托"，赞人见解用"高见"。

看望别人用"拜访"，宾客来到用"光临"。

送客出门说"慢走"，与客道别说"再来"。

陪伴朋友用"奉陪"，中途先走用"失陪"。

等候客人用"恭候"，请人勿送用"留步"。

表达感激用"多谢"，归还原主用"奉还"。

对方来信叫"惠书"，老人年龄叫"高寿"。

（五）拒绝的艺术

拒绝艺术的关键在于尽量减少对方的不快。具体方法有以下几种：

1. 明确说出拒绝理由。有些人在拒绝对方时，因为感到不好意思而不敢据实明说，说话语义暧昧，致使对方摸不清真实用意，产生不必要的误会，甚至使彼此关系破裂。

2. 及早拒绝，以免更多地伤害对方。当你不得不拒绝对方时最好尽早说明，让对方有所准备，另做安排。

3. 用友情来说服对方。拒绝他人时，要设身处地地替对方着想，使对方感到你的拒绝是迫不得已。

阅读材料

　　明帝朱元璋喜怒无常，大臣稍有不慎就可能被砍头。一天，他心血来潮，召画家周玄素进宫，要周玄素在宫殿墙壁上绘一幅江山地理图。周玄素怕画不好要掉脑袋，又不敢不画，就伏地请命说："臣孤陋寡闻，尚不曾遍走天下九州，实在不知该如何描摹九州盛况。斗胆请皇上先给臣拟个草图，待臣依此描绘润色，方不辱九州景色。"朱元璋听他说得有理，就没再逼他画画。

　　另外，在与人交往中，拒绝别人以及被别人拒绝都是很正常的事情，对此要有一点超脱精神。当你遭到拒绝的时候，应当做到以下几点：依旧保持良好的风度，留给对方一个美好的印象；及时撤出，不要勉强，做好善后工作；遭人拒绝后，应该迅速振作精神，摆脱不快心情的干扰。

（六）真诚的赞美

美国心理学家威廉·詹姆士指出："渴望被人赏识是人最基本的天性。"爱听赞美，是一种正常的心理需要。人们总是不自觉地在别人那里寻找自身存在的价值，都有被重视、被肯定、被尊重的渴望。当这种渴望实现时，人的许多潜能和真善美的情感便会奇迹般地激发出来。予人以真诚的赞美，能体现对人的尊重、期望与信任，有助于增进彼此的了解和友谊。赞美是一件好事，但绝非一件易事。赞美别人时如不遵循真诚、适时、适度的原则，好事有可能变成坏事。

1. 真诚可信

每个人都喜欢听赞美的话，但并非任何赞美都能让人接受。能让人愉快接受的，只能是基于事实、发自内心的赞美。那些不顾事实、虚情假意的赞美，会被当成别有用心、诡诈虚伪。例如，对身材肥胖的女士说"你的身材真好"，她听了会不高兴，甚至当成对她的恶意挑衅。但如果着眼于她的服饰、谈吐、举止，发现她这些方面的出众之处并真诚地赞美，她会高兴地接受。真诚的赞美会使被赞美者产生心理上的愉悦，也能让自己学会发现别人的优点，让自己更积极乐观。

2. 适时适度

交际中要认真把握时机，恰到好处地赞美他人。发现对方有值得赞美的地方，要及时大胆地赞美，不要错过机会。最好能发现对方引以为豪、喜欢被人称赞的地方，并加以重复赞美。如果只是蜻蜓点水式一带而过，对方可能会认为是恭维或客套话；而如果对同一种情况换种方式重复赞美，则能提高赞美的可信度，让对方感到你是真心实意的。

在赞美的时候，除了使用得体的语言，还可辅之以赞许的目光、夸奖的手势、欣赏的笑容。

3. 具体翔实

赞美用语越翔实具体，说明你越了解对方，对对方的长处和成绩越看重，也越能让对方感到你的真挚诚恳、亲切友善，越能拉近你们之间的距离。如果只是含糊其辞地赞美对方，不但不能使对方产生满足感，反而可能产生误解和失落感。

阅读材料

喜剧泰斗卓别林被伊丽莎白女王封为爵士。封爵仪式上，女王亲切地对卓别林说："我观赏过你演的很多电影，你是一位难得的好演员。"事后，有记者问卓别林对女王的赞扬有什么感想，卓别林有点遗憾地说："女王陛下虽然说看过我演的许多电影，并称赞我演得好，可是她没说出哪部电影的哪个角色演得最好。"可见，即便是女王的赞美，如果不够具体翔实，对方也不一定完全接受。

（七）批评的艺术

批评是指出别人的缺点和不足，是从旁观者的角度提醒对方，督促其改正错误。尽管人们都知道"忠言逆耳利于行"的道理，口头上也会说"有则改之，无则加勉"，但大多数人还是乐于接受赞美，难以接受批评。所以批评者要讲究语言艺术和方法技巧，发挥批评的积极因素，避免批评的消极后果。

戴尔·卡耐基曾说："矫正对方错误的第一个方法，批评前先赞美对方。"人们听到赞美的时候，会产生积极愉悦的情绪体验，这时再听到批评规劝，就比较容易接受。目前比较流行的"三明治批评法"就是将批评包裹在赞美中的方法。

例如，你所在公司要求上班时间穿职业装，可是今天李娜没有穿，作为主管你必须执行公司规定，你可以说：嘿，小李，今天的发型很漂亮啊！（第一步，赞美）如果配上咱们公司的职业装（第二步，批评），你会更精神、更漂亮！（第三步，赞美）这种批评方式就像三明治，两片面包中间夹着更重要的东西，故称为"三明治批评法"。

使用"三明治批评法"，效果明显，受到批评的人会从中感受到较明确的赞美和鼓励成分，而弱化了隐含的批评信号，所以乐于接受，较少产生消极抵触情绪。可见批评的方式方法很重要。如果你希望对方愉快地接受批评，就要选用对方能够认可的表达方式。

📝 阅读材料

苏东坡在杭州时，佛印去看他，并把自己的新诗拿出来，大声朗诵了一遍，然后问苏东坡："你看我的这首诗能打几分？"

"十分。"苏东坡回答。

"凭什么打十分？"佛印高兴地追问。

苏东坡缓缓回答："七分是读，三分是诗，加起来不就是十分吗？"

温馨提示

如果苏东坡直接说打三分，会让佛印很尴尬，但是在表扬他阅读的前提下，反而产生了幽默的效果，容易让人接受。

（八）聆听的艺术

名人名言

与人交谈取得成功的秘诀是多听。

——本杰明·富兰克林

社会学家金兰说，在人们的日常语言交往活动中，听的时间占54%。聆听在交谈中占有十分重要的地位。一个高超的谈话者，首先是一名高超的聆听者。聆听可以及时捕捉宝贵的信息，获取重要的知识和见解；聆听可以了解对方谈话的意图和个性特征；聆听中应观察对方的反应，用较为充足的时间想一想自己该怎么说。

交谈中的聆听技巧主要包括以下几点。

（1）倾听要全神贯注。不要随意打断对方的谈话。要细心体会对方话语的含义和情绪，并积极做出相应的反应，与对方同乐同愁。要做到全神贯注，有两点需要特别注意：一是要注视对方，当然也不要自始至终死盯着对方。二是即使你已经感到不耐烦，也不要急于插话、否定或打断对方的话，应当等到对方说话告一段落时，再不失尊重地表明自己的看法。

（2）不要以自我为中心。不要轻率地对对方的观点妄加评论、批驳。要感受性地听，如果对方说得正确，就要以点头、微笑和简单的词语给予鼓励和赞同。这能给予讲话人以适当的支持，会使双方都心情舒畅。

看看练练

从下列话题中选择一个，与同桌做3分钟的交谈。

（1）以感兴趣的影视作品为话题。

（2）以网络为话题。

（3）以对方的服饰、发型为话题。

（4）以近期的新闻事件或新闻人物为话题。

（5）到同学家去做客，怎样与其家人交谈？

（6）你与家人在公交车上碰到了你的班主任，该说些什么？

（3）倾听时，身体要稍微向对方倾斜，并温和地看着对方。这样既向对方表示自己注意力集中，也有助于细致观察对方的表情和姿态，能更好地了解、体会对方的感情和心境。

四、电话礼仪

在电话广泛应用的今天，许多人通过电话交往。我们在使用电话时，必须重视自己的"电话形象"。

（一）使用办公室电话礼仪

1. 选择好时间

利用电话谈公事，应尽量在对方上班 10 分钟以后或下班 10 分钟之前通电话，这时对方可以比较从容地听电话。在电话交往中，一般不宜打电话的时间是：三餐吃饭的时间，早晨 7 点以前，中午午休时间，晚上 9 点以后。给海外人士打电话要了解时差，最好在预先约定的时间里打。

2. 用语要规范

电话拨通后，应先说"您好"，然后立即简要报明自己的身份、姓名及要通话的人的姓名。在对方应允后，你应致谢。例如："您好，我是××公司的××，请帮忙找××先生（小姐）接电话行吗？谢谢！"

3. 语言要简洁

通话时语言尽量简洁明了，对重要内容可以简明扼要地向对方再叙述一遍，以求确认。通话时间尽量控制在 3 分钟内，防止废话连篇。

4. 通话有礼貌

拨错电话时应表示歉意，说声"对不起""打扰您了"等。如果要找的人不在，应说"谢谢，我待会儿再打过来""打扰您了"之类的结束语。

（二）接电话礼仪

1. 接电话要快

电话铃声响起，应尽快接电话，最好在铃声响起不超过三声就接起电话，所谓"铃响不过三"，以免让对方等得心急。

2. 听电话有回应

接听电话时要聚精会神地聆听，流露出谦恭友好的态度，对重要的话要进行重复，并不时地用"嗯""对""是"来给对方积极的反馈。

3. 处理电话要亲切

拿起电话就自报家门："你好，这里是××公司，请问找谁？"既简明又亲切。在接起电话时，首先报出自己的单位名称，避免出现打错电话的情况；再问对方要找谁，问清楚后及时叫人接听电话；结束对话时，应轻轻把话筒放回原处。

（三）使用移动电话礼仪

移动电话已经成为人们日常交往中不可缺少的通讯工具，在使用它时也应注意相应的礼仪。

第一，移动电话应尽量不关机，也不要不接听电话，在改换电话号码时应及时通知朋友。

第二，在狭窄的公共场所（如电梯里、楼梯上、路口、人行道上等）不宜停留打电话。

第三，在要求保持肃静的公共场所，如电影院、阅览室、音乐厅、病房等，应把移动电话设置为静音。

第四，开会、上课等场合，应将移动电话设为静音或关机状态。

第五，在乘机时，在加油站加油时，不得使用移动电话。

相关链接

网络礼仪

网络沟通已成为人们工作、生活的重要组成部分。网络礼仪是指在网上交流信息时被认可的各种行为规范，已经成为现代礼仪的一个新内容。网络交往要遵循公平自由、自律守法的原则，在传送电子邮件和网络聊天时应遵守一定的网络规范。

1. 进入聊天室要礼貌地与大家打招呼。
2. 聊天时语言要文明，态度要温和，调侃适度，不用脏话。
3. 不追问对方隐私，私聊内容属于隐私，不能随便公开。
4. 合理选择表情符号，幽默而不失风度。
5. 结束聊天时要礼貌告别。
6. 不要轻易把别人列入黑名单。
7. 保守网友的秘密。
8. 在进行语音或视频聊天时，应遵守交谈礼仪要求。
9. 不要轻易答应网友的见面要求，以免上当受骗。

学以致用

【案例分析】

小林要参加一个老同学的聚会，他想通过高雅的言谈给人留下深刻的印象，于是做了充分的准备：他翻遍了手边的《读者》与《世界博览》，准备了一肚子的奇闻轶事，就像要参加百科知识竞赛一样。聚会上，小林瞅准别人说话的一个间隙插嘴道："报上说，魔鬼三角之谜现在已初步揭开了……"大家的目光果然都转向了他，大家静静地听他说了半天，露出了困惑的表情，不知道他想说什么。最后小林意识到自己在唱独角戏，很尴尬地结束了话题。

思考：你认为小林的交谈成功吗？为什么？说说交谈的技巧有哪些。

【多棱镜】

有人邀请朋友到家做客，已过了约定时间，还有客人未到，主人很着急，就说了一句："该来的还不来。"一些敏感的客人听到了，心想："该来的没来，那我们是不该来的喽？"于是悄悄地走了。主人一看走掉了几位，越发着急了，便说："不该走的又走了。"剩下的客人一听，心想："走了的是不该走的，那该走的是我们喽！"于是都走了，只剩下主人自己。主人懊悔不已。

思考：你是否也有过这样的失言行为？通过本课的学习，你认为怎样杜绝这种行为？具体说说交谈的态度。

【活学活用】

1. 你跟几个朋友聊天时，有人发泄对不在场的领导和同事的不满，言辞尖刻，无中生有，这使你很反感。怎样才能尽快结束这种话题呢？

2. 有个同学起身时不小心，把同桌的水杯碰到地上摔坏了。下面有两种批评他的方式，你认为选择哪种批评方式他更容易接受？为什么？

①小心点，下次起身要帮我看好杯子哦！

②你从来都是这么莽撞，不管不顾的！

3. 分析下列不同的批评方式，你认为哪一种最好？哪一种最差？为什么？

①你打错了一个字。

②王小姐，你打字技术不行。

③你要认真工作，不然别想加薪。

④你这人真够笨。

4. 有个熟人想借你的身份证去办银行卡，你必须拒绝，可以说：

①身份证怎么能随便借？以后你出了事肯定会连累我。

②我的身份证从不借给外人，你还是找别人借吧！

③我的身份证借给别人了，没拿回来。

④建议你不要用别人身份证办银行卡，万一遇到忘记密码或是需要挂失，会很不方便。而且这个卡在我名下，这些钱我就有权利支配了，你不担心吗？

哪一个说法更高明？为什么？

5. 找一个合适的机会，试着真诚地向你周围的人说出下面的话，看看能收到什么效果并分析一下原因。

①你真不简单。

②我很欣赏你。

③我很佩服你。

第四节　餐饮礼仪

中国有句古话，"民以食为先"。在社交活动中，人们为了表示欢迎、庆贺、饯行、答谢，都要聚餐。聚餐是增进友谊、融洽气氛的有效手段。因此，掌握基本的餐桌礼仪是非常必要的。

阅读材料

从吃饭看一个人的教养

当代新锐作家杨熹文有一篇文章，强调了吃饭和教养的关系。

她说，吃是一种文化，是一种修养，从小到大，父母一直在告诉她吃的学问。

小时候，妈妈在厨房里做最后一道菜，饿极了的她拿起饭碗就吃，爸严厉地教训她："放下碗，你妈还没上桌呢。"自此和别人吃饭，要等到饭菜全部上桌，每个人都坐到餐桌边，才肯动筷。

过春节的时候，她和爸妈去奶奶家，看着摆在桌子上的糖果和零食，她贪婪地塞进嘴里。妈凑到她跟前，非常严肃地说："不要像什么都没吃过一样。"自此知道，不管走到哪里，在谁的面前吃东西，都要吃得适度，吃得体面。

中学时，朋友来家里做客，妈妈做好晚餐，她吃得酣畅，朋友却不好意思动筷。妈一边告诉朋友"就当这是自己家"，一边对她说"快给你朋友多夹点吃的"。自此以后，招待客人的时候，餐桌上要照顾到每个人的感受，尽力做到周全。

长辈庆生的时候，爸妈在旁边提醒她"要先给长辈夹菜"；爸妈和朋友聚餐，餐桌上不忘教育她，"不要把盘子里的最后一块肉夹到自己碗里"……这些有关吃的朴实道理，让之后的她不管走多远，都一直记在了心里。

一个在吃上讲求道德的人，也一定有个高尚的灵魂，因为吃是一件非常严肃的事，严肃到，很多时候它在不经意间就毫不留情地显示了你的教养。那些肯为你先盛一碗汤，把鱼肚子最厚实的那块肉夹给你，不铺张、不浪费、不过分挑剔食物的人，他们不一定是你最亲近的人，但一定是正直的、善良的、可以值得信赖的人。

相反，吃饭的时候，第一个抢着夹菜的人，抢最大排骨的人，生活里八成也是自私的人；那些在你吃东西时一定要借着光尝一尝的人，生活中往往是喜欢占小便宜的人。

思考：文中提到了很多就餐礼仪，请找出来，谈谈自己的认识与感想。

中华民族具有深厚的文化底蕴，作为文明古国，中国对于餐桌礼仪非常讲究。《论语·乡党》记录了孔子严守餐饮礼仪的要求："乡人饮酒，杖者出，斯出矣。"即在乡人饮酒仪式结束后，孔子一定要等老年人先出去，自己才出去，以示尊老。

遗憾的是，近些年国人进餐时的不雅行为不断见诸媒体，如在餐厅内大声喧哗、进食姿态不雅等。为了避免用餐举止失当，我们应掌握餐饮的礼仪规范，用规范合礼的举止树立优雅的个人形象。

一、中餐礼仪

中餐在国际社会享有很好的声誉，中餐礼仪文化中的赴宴、就座、进餐等环节颇有讲究。

（一）座次安排

在中餐礼仪中，座次的安排是一项十分重要的内容。它关系到来宾和主人给予对方的礼遇，很受宾主双方的重视。

1. 桌次的排列

在中餐宴请活动中，往往采用圆桌布置菜肴、酒水。正式宴会上，一般都事先安排好座次，以便赴宴嘉宾对号入座，这是对客人的一种礼遇。

客人较多，有两桌以上时，需对桌次进行排列。

面门定位法：当两桌横排时，桌次以右为尊。这里所讲的"左"与"右"，是由面对正门的位置来确定的。

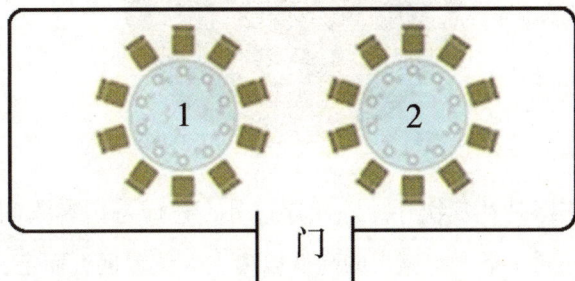

面门定位法

以远为上法：当两桌竖排时，桌次以远为上，以近为下。这里所谓的"远"

"近"，是针对距离正门的远近而言的。

 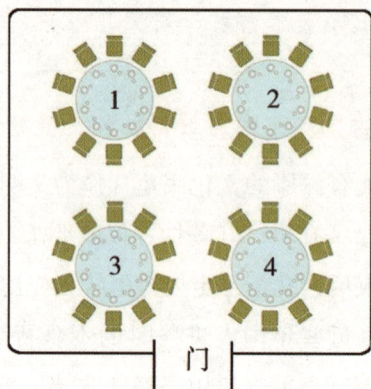

以远为上法   主桌定位法

主桌定位法：由三桌或三桌以上的桌数所组成的宴请，通常叫多桌宴请。在安排多桌宴请的桌次时，除了要注意面门定位、以右为尊、以远为上等规则之外，还应兼顾其他各桌与主桌的距离，即与第一桌的远近。通常，距离主桌越近，位次越高；距离主桌越远，位次越低。

2. 位次的排列

在进行宴请时，餐桌上的具体位次都有主次尊卑之别，需按规范进行排列。

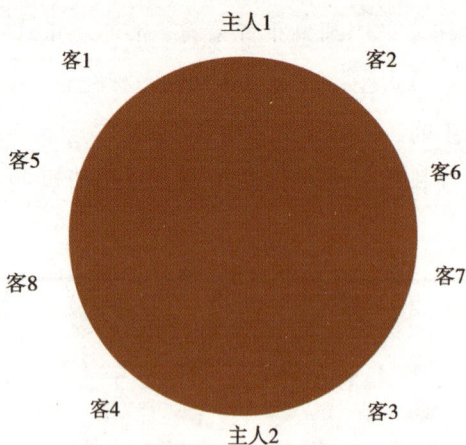

排座位的主要依据是礼宾次序，除次序以外，还应考虑客人间的关系、语言沟通及专业志趣等因素。同一桌上，座次的高低以离主人位置远近而定。

入座的礼仪要求：第一，主人面门而坐；第二，以右为尊；第三，距离主人越远，位次越低；第四，身份相仿者坐在一起。

（二）餐具的使用

使用餐具也要遵循就餐礼仪。

1. 筷子

我国使用筷子的历史可追溯到商代，距今至少有 3000 年了。先秦时期称筷子为"挟"，秦汉时期叫"箸"。古人讲究忌讳，因"箸"与"住"谐音，"住"有"停止"之意，所以就反其意而称为"快"，后来写成"筷"。

筷子的正确使用方法：右手执筷，拇指、食指、中指三指前部共同捏住筷子的上端约1/3处。使用时，筷子两端一定要对齐。摆放时，应平行竖直地放在筷架上；如无筷架，可整齐地放在饭碗右侧。用餐时，客人和晚辈不可以先动筷子，需等主人、长辈拿起筷子后再动筷子。

拓展知识

用筷十忌

一忌戳筷：用筷子指向别人，戳戳点点地与人讲话。

二忌搅筷：用筷子搅动饭桌上的菜肴，挑挑拣拣。

三忌舔筷：用舌头舔筷子，再用舔过的筷子夹取食物。

四忌泪筷：夹菜时不控汤汁，任其滴滴答答流到桌上。

五忌掷筷：发放筷子时随手掷在桌上，显得不恭敬。

六忌剔筷：用筷子当牙签剔牙，剔完牙又用来夹菜。

七忌迷筷：举着筷子却不知道夹什么，在菜碟间来回游移。

八忌交叉筷：避免与别人同时夹菜，使自己用的筷子与别人的筷子成交叉状。

九忌敲筷：用餐时用筷子敲打碗碟或茶杯。

十忌插筷：把筷子插在碗中的食物上或插在碗中。

2. 碗

碗是用来盛放汤羹、主食的餐具。一般情况下，不要端起碗进食。食用碗内食物时，不能直接用嘴吸食，要用筷子、匙等餐具辅助进食。即使碗内的食物剩余不多，也不要直接倒进口中，更不能用舌头舔。

3. 食碟

食碟，用以放置从公用菜盘中取出供自己吃的菜肴。用食碟时，一次不要取放过多的菜肴，也不要将多种菜肴堆放在一起。用餐时，不要将吃剩下的骨头、鱼刺等东西吐到地上，也不要吐到桌子上，应该放到食碟前端。如果食碟放满了，可以请服务员更换食碟。

4. 汤匙

汤匙主要用来舀取筷子不宜取食的菜肴、食物、汤。用勺子取菜时，不要盛得太满，免得溢出来弄脏桌子或衣服。在舀取食物后，可以稍微停留片刻，等汤汁不流时再移向自己。不要把勺子塞到嘴里，或者反复吮吸、舔食。暂时不用勺子时，应放在自己的碟子上，不要把它直接放在餐桌上。

5. 水杯

水杯主要用来盛放清水、果汁、可乐等饮料，不要用它盛酒。另外，空水杯摆放时不要倒扣。

6. 餐巾

餐巾的主要作用是防止食物落在衣服上，兼顾擦拭嘴角和手上的油渍。不能拿整块餐巾擦脸、擤鼻涕，也不要用餐巾擦餐具。餐巾摊开后，应放在大腿上，切勿系入腰带或挂在西装领口。用完餐后，将餐巾叠好，不可揉成一团。

（三）就餐人员礼仪

在餐桌这个社交舞台上，无论是主人还是客人，唯有遵循相关的礼仪规则，才能展示个人的良好修养，表达对交往对象的敬重、友好和诚意。

1. 主人礼仪

（1）宴请准备阶段的礼仪。

①时间、地点的选择。根据用餐时间的不同，分为早餐、午餐、晚餐三种。应根据人们的用餐习惯，遵从民俗惯例，确定正式宴请的具体时间。宴请的时间不仅要考虑主人的实际情况，更应该讲究主随客便。主人可以先与主要客人商量，或者提供几种时间供其选择，以显示自己的诚意，并要控制时间长度。一般来说，工作餐常选择午餐时段，用餐时间控制在 1 小时左右；正式宴会则多为晚宴，时间为 1.5~2 小时。

此外，用餐地点的选择也非常重要，主要注意以下三点：

环境优雅。宴请不仅仅是吃东西，更是"吃文化"。如果用餐地点低俗嘈杂，也会使宴请效果大打折扣。

卫生良好。确定用餐的地点，一定要看卫生状况如何。如果用餐地点脏乱差，不仅会破坏用餐者的食欲，还可能导致身体疾患。

交通便利。宴请地点要照顾到聚餐者来去交通便利，同时还要考虑用餐地点附近是否设有停车场，是否需要接送等一系列具体问题。

②其他准备工作。拟订详细计划，确定客人名单和就餐人数，初步确定宴请费用，向客人发出邀请。

了解客人的民族和信仰以及有关禁忌。了解客人的职业背景和文化修养，客人之间是否有矛盾，是否适合同时宴请。

联系餐厅，预定包间或座位，并了解停车、乘车条件。

拟定菜单，待客人入座已毕，征求全体客人意见后交给服务人员。菜品的数目不宜过少或过多，应量力而行。

宴请当日可再次与客人联系，提醒客人并逐一确定是否出席。

主人应较预定时间提前15~20分钟到达餐厅，以迎接陆续到达的宾客。

③菜单的安排。在准备菜单时，主人应充分考虑宾客的身份、饮食习惯、个人爱好等，对菜肴进行选择。一桌可口的菜肴，会令宾客深刻感受到主人的好客和周到的礼节。

一般而言，在准备菜单时，要优先考虑以下四类菜肴：具有中餐特色的菜肴，尤其是在宴请外籍人士时；具有本地特色的菜肴，适用于宴请外地宾朋；本餐馆的看家菜；主人的拿手菜。

忌选的菜肴。在安排菜单时，还必须兼顾来宾的饮食禁忌。一般的规则是：主人在为来宾安排菜肴时，首先需要了解对方"不吃什么"，而非对方"想吃什么"。饮食方面的禁忌主要有以下几类：

宗教禁忌。例如，信奉佛教者禁食荤腥之物，不仅不吃肉食，还包括葱、蒜、韭菜等气味刺鼻的食物。

地方禁忌。比如，英国或美国人通常不吃淡水鱼、动物内脏、动物的头部和脚爪。

职业禁忌。有些职业，在餐饮方面也有特殊禁忌。例如在公务宴请时不准超过国家规定的用餐标准。

个人禁忌。比如有的人不吃肉，有的人不吃鱼，有的人不吃辣椒等。

（2）宴会中的礼仪。

介绍。主人应及时介绍来宾，让宾客互相认识。介绍时，要优先向社会地位较高者以及长者或女士介绍其他来宾。

入座。应邀出席宴请活动，应听从主人安排。座次安排基本上按照以右为尊的原则，将主宾安排在主人的右侧，次主宾安排在主人的左侧。参加人数较多的宴会时，主人应安排桌签，供客人确认自己的位置。

体态。入座后，坐姿要端正，脚踏在本人座位下，不能跷腿、抖动腿脚，也不可任意伸直，胳膊肘不要向两边伸展而影响他人。

交流。宴请是一种社交场合，应与同桌的人交谈，特别要照顾到左右邻座，不要只同几个人或一两个人说话。

布菜。主人可为身边的客人布菜，布菜应使用公筷或公勺。要照顾到客人的饮食偏好，如果客人不喜欢或者已经吃饱，不要再为客人夹送。

进餐。进餐要文雅，吃东西不要发出声音，要闭嘴咀嚼。喝汤不要吸，如汤、菜太热，可待凉后再享用，切勿用嘴吹。吃剩的菜，用过的餐具、牙签，都应放在身前的小食碟内，勿置桌上。主人先为主宾斟酒，若有长辈或者贵客在座，主人也可先为他们斟酒。敬酒以礼到为止，不要劝酒。

（3）宴会结束礼仪。

主人征求大家的意见，适时以委婉的方式提出结束宴席，并真诚地感谢各位宾客的光临。应帮助邻座长者或女士拖拉座椅；应热心询问宾客如何返回住处，如亲自叫出租车、说明交通线路、安排乘坐车辆等。

> **练一练**
>
> 模拟主人宴请宾客全过程。

2. 宾客礼仪

（1）赴宴礼仪。

应邀。作为宾客，接到邀请后应及时告知主人是否赴宴，赴宴能否按时到达，并应核实好时间、地点、着装要求、是否邀请配偶、届时出席的宾客情况等，以便进行准备。

准备。赴宴前选择适合宴请场合的服饰，刷牙漱口、洁面、修饰容貌。

赴约。出席宴请活动，抵达时间应根据活动的性质和当地的习惯调节。迟到、早退被视为有意冷落或失礼，身份高者可稍晚到达，一般客人应正点到达。确实有事需提前退席，应向主人说明情况，亦可事前打好招呼。

抵达。抵达宴请地点应先前往主人迎宾处，主动向主人问好，如是节庆活动，应表示祝贺。

礼物。如果是参加家宴，一定要事先购买礼品，不能空手赴宴。礼品的价格不能太低，也不宜过于昂贵，礼品可为葡萄酒、鲜花、工艺品等。

取消赴宴。接受邀请后，不要随意改动，尤其是主宾，要尽量履约。如果遇到不得已的情况而需爽约，应尽早向主人解释、道歉，甚至亲自登门致歉。

（2）进餐礼仪。

入座时，客人应先了解自己的桌次和座位，注意桌上座位卡的名字，不要随意乱坐，待主人、主宾、年长者入座后才可入座。如邻座是年长者或女士，男士应主动协助他们就座。邻座如不相识可先自我介绍。

　　主人为客人倒酒时，客人以手扶杯表示恭敬和致谢。首次敬酒由主人提议，客人不宜抢先。

　　进餐前，勿用餐巾或餐纸擦碗、筷、杯等餐具。

　　取菜时，盘中食物不要盛得太多，吃完后再取。

　　如遇不爱吃的菜肴，当服务员上菜或主人夹菜时，不要拒绝，可取少量放在盘内，并说"谢谢"。对不合口味的菜，切勿显露厌恶的表情。

　　进餐时，要注意风度，要闭嘴咀嚼，咀嚼时不要讲话。

　　饮酒时，即使不能喝，也应将杯口在嘴唇上轻碰一下，以示敬意。

　　尽量不要当众用牙签剔牙，必须剔牙时，要用另一只手掩住口部。最恰当的做法是去洗手间处理。

　　进餐时，打嗝是最大禁忌，万一忍不住打嗝应立即向周围人道歉。

　　不可中途退席。若有急事或特殊情况必须提前离席，需征得主人同意方可离开，以示礼貌。

　　就餐结束，男士应主动为长辈、女士拉开座椅，协助其离开。

练一练

　　十人一组，模拟中餐入座及进餐礼仪。

二、西餐礼仪

　　西餐是对西式饭菜的一种约定俗成的统称。西方各国的饭菜有着很大的差异，难以一概而论。不过，除与中餐在口味上存在区别之外，西餐有两个鲜明的共性特点：其一，源自西方国家；其二，必须以刀、叉取食。久而久之，凡符合以上两个特点者，皆可以"西餐"相称。

温馨提示

　　作为主人，对相互不认识的客人，要及时引见、介绍，不妨把客人的具体情况介绍得详细一些，以免发生误会。

　　随着中西文化交流的扩大，西餐已经逐渐进入中国人的生活，并受到一些人的欢迎。掌握一些西餐礼仪，对我们的社会交往有很大帮助。

（一）西餐的座次

　　同中餐一样，吃西餐时，人们对座次问题十分关注，越是正式场合越重要。中西餐的座次排列既有不少相同之处，也有许多不同之处。

1. 女士优先

在西餐礼仪里，女士备受尊重。在排定用餐位次时，尤其是安排家宴时，主位一般请女主人就座，男主人退居第二主位。这一点与中餐不同。

2. 恭敬主宾

同中餐一样，在西餐之中，主宾极受尊重。主宾是主人关注的中心，即使有的来宾在地位、身份、年纪方面高于主宾。在排定位次时，应请男、女主宾分别紧靠着女主人和男主人就座，以便进一步受到照顾。

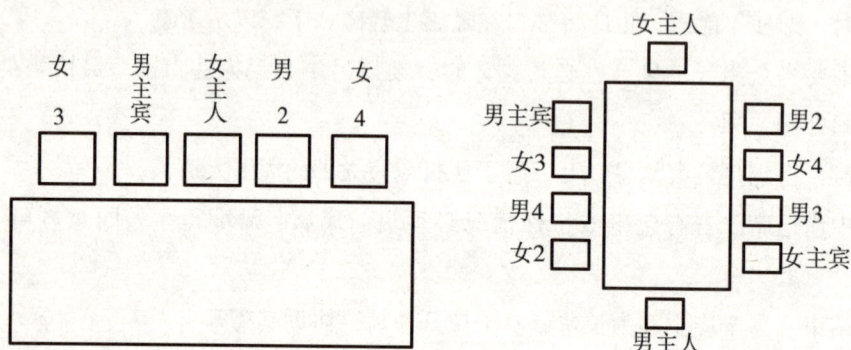

3. 以右为尊

在排定位次时，以右为尊是基本原则。就某一特定位置而言，右侧之位高于左侧之位。

4. 距离定位

一般来说，西餐桌上位次的尊卑，往往与其距离主位的远近密切相关。在通常情况下，距主位近的位子高于距主位远的位子。

5. 男女穿插

这是西餐独有的位次安排法则，便于男士照顾女士，是女士优先原则的延伸。例如，安排男主宾坐在女主人的右侧，安排女主宾坐在男主人的右侧。

（二）西餐餐具的使用礼仪

使用刀叉进餐是西餐的最重要特征之一。

刀叉是对餐刀、餐叉两种餐具的统称。在正规的西餐宴会上，通常讲究吃一道菜要换一副刀叉。也就是说，吃每道菜时，都要使用专门的刀叉。既不可以胡拿乱用，也不可以从头至尾只使用一副刀叉。刀叉是从外侧向里侧按顺序使用。

右刀左叉

1. 刀叉使用有技巧

餐刀、餐叉一般同时出现，右刀左叉。不要用刀叉指人。西餐刀叉的摆放暗示用餐的进程。

（1）"此菜尚未用毕"。西餐注重交际，如与人攀谈时，应暂时放下刀叉。其具体做法是，刀右、叉左，刀口向内、叉齿向下，呈汉字的"八"字形摆在餐盘上。含义是"此菜尚未用毕，请不要撤盘"。

此菜尚未用毕　　　　　　此菜已经用完

（2）"此菜已经用完"。如果吃完了或不想再吃了，可以刀口向内、叉齿向上，刀右叉左并排纵放，或者刀上叉下并排横放在餐盘里。这种做法等于告知侍者：本人已用好此道菜，请连刀叉带餐盘一块收掉。

2. 餐巾使用有讲究

餐巾在西餐礼仪中是很有讲究的，它的用途简单来说有以下三点。

一是宴会开始的标志。当女主人把餐巾轻轻展开铺在腿上，表示宴会开始了。西方文化讲究女士优先，女主人不动，别人是不能动刀叉的。

 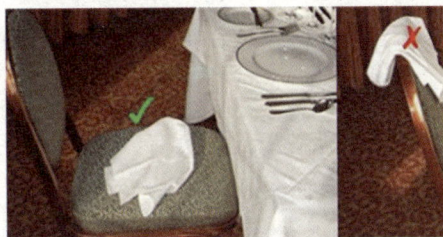

用餐开始　　　　　　　　暂时离开

二是表示暂时离开。进餐过程中，如果要去洗手间或出去接个电话，应该把餐巾放在座位上，表示"暂时离开"。

三是表示用餐结束。当女主人把自己的餐巾放到餐桌上，表示"此次用餐结束"。

切忌把餐巾围在脖子上、披在腰间；不能用餐巾擦脸，也不能擦拭餐具，这些做法都是不符合礼仪规范的。

3. 杯、碗使用礼仪

西餐中的杯子非常多，有盛水的，有盛酒的。酒杯更是多种多样，而且个头、大小、功能也不

同。酒杯的使用有两项通则：一是不论选用哪种酒杯都要视菜单而定，红酒配肉，白酒配鱼；二是不论选用哪种酒杯，都要透明。

在比较正式的宴会上，会有一个玻璃的或瓷质的或银质的小巧玲珑的碗，里面盛着半碗清水，上面漂着几片玫瑰花瓣和一片柠檬，这是用来洗手的，千万不能喝。

（三）西餐菜序

吃西餐时，一定要了解并遵守规范的菜序。

1. 正餐的菜序

西餐的正餐，尤其是正式场合所用的正餐，其菜序既复杂多样又讲究甚多。在大多数情况下，西餐正餐的菜序由下列八道菜肴构成。一顿完整的正餐，一般要吃上一两个小时。

（1）开胃菜。所谓开胃菜，即打开胃口之物，亦称西餐的头盆。在西餐里，它往往不被列入正式的菜序，而仅仅充当"前奏曲"的角色。在大多数情况下，开胃菜是由蔬菜、水果、海鲜、肉食组成的拼盘。它多以各种调味汁凉拌而成，色彩悦目，口味怡人。

（2）面包。在西餐正餐里所吃的面包，一般都是切片面包，或从整个大面包上切片而食，也有刚刚烤好的小面包。在吃面包时，可根据个人喜好，涂上各种果酱、黄油或奶酪。

（3）汤。西餐之中的汤大都口感芬芳浓郁，具有很好的开胃作用。按照传统说法，汤是西餐的开路先锋，只有开始喝汤时，才算正式开始吃西餐了。常见的汤类有白汤、红汤、清汤等。

（4）主菜。西餐里的主菜有冷有热，以热菜为主角。比较正规的正餐，要上一个冷菜、两个热菜。两个热菜之中，应当一个是鱼菜，一个是肉菜。有时还会再上一个海味菜。肉菜必不可少，而且代表着此次用餐的档次和水平。

（5）点心。吃过主菜后，一般要上一些诸如蛋糕、饼干、吐司、馅饼、三明治之类的小点心，供没有吃饱的人填饱肚子。吃饱的人，可以不吃点心。

（6）甜品。吃完点心，接着要上甜品，最常用的甜品有布丁等。接下来，用餐者还需在力所能及的情况下，酌情享用干、鲜果品。常用的干果有核桃、榛子、腰果、杏仁、开心果等；草莓、菠萝、苹果、香蕉、橙子、葡萄等，则是西餐桌上最常见的鲜果。

（7）热饮。在用餐结束之前，应为用餐者提供热饮。最正规的热饮是红茶或黑咖啡，两者只能选其一，主要作用是帮助消化。热饮可以在餐桌上喝，也可以去客厅或休息厅喝。

2. 便餐的菜序

在通常情况下，点上几个有特色、有代表性的西菜也就足够了。一顿便餐的标准菜序应当是由开胃菜、汤、主菜、甜品、咖啡五道菜肴构成。

（四）西餐就餐礼仪

应等全体客人面前都上了菜，女主人示意后才开始用餐。

餐巾应铺在膝上。如果餐巾较大，应叠放在腿上；如果较小，可以全部打开。

进餐时要坐正，不可过于向前倾斜，也不要把两臂横放在桌上，以免碰撞旁边的客人。

用刀叉切割食物时，动作要轻柔，不要铿锵作响。切割好的食物，大小应当刚刚合适入口，不要叉起后一口一口咬着吃。

用餐期间要与旁人交谈时，可以先用餐巾擦拭嘴角，以免交谈时尴尬。

用餐后，应等女主人从座位上站起后，再一起随着离席。提前离席是不礼貌的。

练一练

十人一组练习西餐就餐礼仪，重点练习入座及餐巾、刀叉的使用礼仪，还要能恰当运用餐具语言。

学以致用

【看图说话】

1. 以下对筷子的使用是否正确？如果不正确，应该如何正确使用？

| 1. 舔筷子 | 2. 挥动筷子 | 3. 筷子挠背 | 4. 筷子竖插 |

2. 根据下图说说赴宴礼仪的全过程。

【想想画画】

画出中餐位次和西餐位次图。

【模拟训练】

十人一组，模拟中餐宴请、西餐宴请全过程，两人充当主人、副主人，其他八人充当宾客。

【佳片有约】

观看电影《泰坦尼克号》《公主日记》，具体感知西餐礼仪。

【现学现用】

在日常赴宴、就餐中使用餐饮礼仪，并和父母分享。

单元总复习

【案例分析】

1. 徐强是个很有上进心的小伙子，他一直希望能有机会和成功人士交往，以便向他们学习。在一次聚会上，经朋友介绍，他结识了一位知名的企业家。握手之后，徐强紧张得一句话也不敢说，人家问一句他答一句，本来很轻松的场面，一下子变得像个考场。对方大失所望，找了个理由就离开了。

思考：造成徐强交际失败的原因是什么？通过本章的学习，你是否已经有了应对这种情况的能力？具体应该如何做呢？

2. 阿诺·施瓦辛格在参加加利福尼亚州长竞选时，曾到加州州立大学发表竞选演讲。就在他穿越人群，往台上走的途中，有人向这位美国影坛明星投掷鸡蛋。鸡蛋在他笔挺的西装上"开了花"。当时，施瓦辛格很有风度地脱掉外套，一边从容不迫地继续走向讲台，一边幽默地说："这个人欠我一块熏肉。我的意思是说，他不可能只有鸡蛋而没有熏肉。"

思考：施瓦辛格面对尴尬巧妙应对，体现出他高超的语言艺术，试着分析一下。

【课题研究】

了解一下自己的声音特点，请教专业人士或者通过其他途径了解提升声音魅力的方法。

【小品表演】

运用电话邀约、致意、介绍、握手、递送名片、点菜、入座、就餐等全过程礼仪模拟一次宴请活动。

【看图说话】

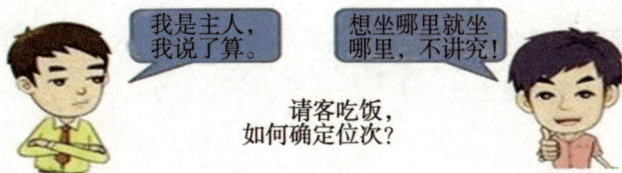

我是主人，我说了算。

想坐哪里就坐哪里，不讲究！

请客吃饭，如何确定位次？

附 录

中华传统文化名篇欣赏

《朱子家训》（节选）

〔明末清初〕朱柏庐

第1文：整家

黎明即起，洒扫庭除，要内外整洁。既昏便息，关锁门户，必亲自检点。一粥一饭，当思来之不易。半丝半缕，恒念物力维艰。宜未雨而绸缪，毋临渴而掘井。自奉必须俭约，宴客切勿流连。器具质而洁，瓦缶胜金玉。饮食约而精，园蔬胜珍馐。勿营华屋，勿谋良田。

【译文】

天刚微亮的时候，就要立刻起床，打扫庭院台阶，务必里里外外收拾得干净整齐。天既已昏暗了，就要停止工作歇息，关闭、锁好门窗，睡觉之前必须亲自察看一番。无论是一碗粥，还是一碗饭，都应当想到它得来是不容易的；同样，即使是半段丝，或是半条线，也要经常想到它们是在艰辛的劳动中得来的。日常生活中，无论做什么事情，都应有详细的计划、周全的准备，就像下雨前要预先将门窗修理牢固，不要事到临头才仓促想办法解决，有如觉得口渴了才去挖井取水，那就来不及了。对于个人的需要，力求俭朴节约。宴请客人时，切记不能毫无节制。日常生活用具要求经久耐用，而且清洁卫生，即使是简陋粗糙的瓦罐，也胜过金玉打造的豪华器皿。每日吃喝的食物应该花样简单，而且精美可口，即便是园中种植的菜蔬，也胜过珍贵稀奇的佳肴美味。不必花费很多金钱去建造豪华的房屋，不必用尽心思去谋取丰腴的土地。

第2文：读书

祖宗虽远，祭祀不可不诚。子孙虽愚，经书不可不读。居身务期质朴，教子要有义方。勿贪意外之财，勿饮过量之酒。

【译文】

列祖列宗虽年代久远，祭祀时仍需至真至诚。儿孙即使愚昧笨拙，也要督导勤读四书五经。日常持身处世，必须老实淳朴。教育子孙，要有合宜的道德、正确的方法。不可贪图意外之财，不可嗜酒过度。

第3文：家

与肩挑贸易，勿占便宜。见贫苦亲邻，须多温恤。刻薄成家，理无久享。伦常乖舛，立见消亡。兄弟叔侄，须多分润寡。长幼内外，宜法属辞严。听妇言，乖骨肉，岂是丈夫。重资财，薄父母，不成人子。嫁女择佳婿，毋索重聘。娶媳求淑女，毋计厚奁。

【译文】

向肩挑货物走街串巷的小贩买东西，不能占他们的便宜。面对贫穷困苦的亲戚和邻居，必须给予恳切的慰问和抚恤。依靠不正当手段发家致富的人，不可能长久安然地享用这些财富。若相处的伦理道德荒谬错误，很快就可以见其衰败。兄弟叔侄之间，在分配财产及生活物品时，应将有余者分出一些来施予不足的人。长幼内外成员，都应该严格地遵守家中的规范。随便听信妇人的话，背离骨肉亲情，难道是男子汉的所作所为吗？看重钱财货物，怠慢亲生父母，不是为人子女所应该做的。嫁女儿要挑选品德端正、有进取心的好女婿，不能索求大量的聘金；娶媳妇要寻找贤惠贤淑、品德端正的女子，不要计较对方嫁妆的多少。

第4文：富家兴业

见富贵而生谗容者，最可耻。遇贫穷而作骄态者，贱莫甚。居家戒争讼，讼则终凶。处世戒多言，言多必失。毋恃势力而凌逼孤寡，勿贪口腹而恣杀生禽。乖僻自是，悔误必多。颓惰自甘，家道难成。狎昵恶少，久必受其累。屈志老成，急则可相依。轻听发言，安知非人之谮诉，当忍耐三思。因事相争，安知非我之不是，须平心遭暗想。

施惠勿念，受恩莫忘。凡事当留余地，得意不宜再往。人有喜庆，不可生妒忌心。人有祸患，不可生喜幸心。善欲人见，不是真善。恶恐人知，便是大恶。见色而起淫心，报在妻女。匿怨而用暗箭，祸延子孙。

【译文】

　　见到有钱有势的人而产生奉承讨好的表情，最为可耻。遇到贫穷卑下的人而显示出骄傲无礼的态度，低贱到极点。平日居家尽量避免与人发生争执而打官司，打起官司来终归是不吉祥。与人交往千万不要信口开河，信口开河必定会出差错。不能仗恃自己有钱有势，就去欺侮没有依靠的孤儿寡妇。不能贪图口腹的享受，而任意去宰杀牲畜家禽。一个言行怪异、自以为是的人，后悔、错误的事必定很多。一个颓废懒惰、不知奋发的人，家道难以兴旺。不拘礼节地亲近不良少年，日久必定受到他们的连累；卑躬屈就老成持重的正人君子，紧急时可以依托他们来帮助。轻易地相信别人的话，怎么知道那个人不是在诬陷别人，应该忍耐而多加考虑。因为小事和别人发生争执，怎么知道其中没有自己不对的地方，所以必须平心静气暗自反省。

　　向他人施予恩惠，不要念念不忘；接受别人的恩惠，就要牢记心中。无论做什么事情，应当留有余地，一旦称心如意，不应强求自己继续索取。他人有可喜可贺的事，不要心生嫉妒；别人有灾难困难发生，不可欢乐高兴。做好事就希望别人知道，不是真正的行善；做坏事就害怕他人知道，才是罪大恶极。看见有姿色的女性而起邪恶之心，将来会报应在妻子女儿身上。隐藏仇恨而用暗箭伤人，一定会连累子孙后代。

第5文：总结

　　家门和顺，虽饔飧不继，亦有余欢。国课早完，即囊橐无余，自得至乐。读书志在圣贤，为官心存君国。守分安命，顺时听天。为人若此，庶乎近焉。

【译文】

　　家人都能和睦相处，即使穷困到三餐不继，也会享受无穷的天伦之乐。早早地纳完赋税，即使自己口袋里所剩无余，也会感受"无债一身轻"的至乐。读书的目标是效法先圣前贤的伟大心志，不单单是为了求取功名。做官应把心思放在君王和百姓身上，怎么可以计较自己的利益呢？守本分，安命运，顺时势，从天意。做人如果能像上面所说的那样，差不多接近圣哲了。

《弟子规》

　　原名《训蒙文》，为清朝康熙年间秀才李毓秀所作。《弟子规》明确了做人的各项准则。

一、总叙

【原文】

弟子规　圣人训　首孝悌　次谨信

泛爱众　而亲仁　有余力　则学文

【译文】

"弟子"就是学生，"规"就是规范。《弟子规》是依据至圣先师孔子的教诲而编成的生活规范，它规定了学生主修的六门课和辅修的一门课。首先在日常生活中，要做到孝顺父母，友爱兄弟姐妹。其次是在一切日常生活中行为要小心谨慎，要讲信用。和大众相处到平等博爱，并且亲近有仁德的人，向他学习，这些都是很重要的事。如果做了之后，还有多余的时间和精力，就应该好好学习"六艺"等其他有益的学问。

二、入则孝

"入则孝"是学生主修的第一门课。"入"是在家，"孝"是善事父母。百善孝为先。

【原文】

父母呼　应勿缓　父母命　行勿懒

父母教　须敬听　父母责　须顺承

冬则温　夏则清　晨则省　昏则定

【译文】

父母亲叫你的时候，要立刻答应，不能迟缓；父母亲让你做事的时候，要马上去做，不能拖延偷懒。

对父母的教诲，要恭敬地聆听；对父母的责备，要顺从地接受。

子女照料父母，冬天要让他们温暖，夏天要让他们清凉。早晨要向父母请安，晚上要替他们铺好被子，伺候父母安眠。

【原文】

出必告　反必面　居有常　业无变

事虽小　勿擅为　苟擅为　子道亏

物虽小　勿私藏　苟私藏　亲心伤

亲所好　力为具　亲所恶　谨为去

【译文】

出门要告诉父母一声，回来也要通报一声，以免父母挂念。平时居住的地方要固定，选定的职业或立定的志向要努力去完成，不要轻易改变。

不要因为事情小，就不禀告父母而擅自去做。假如自作主张地去做事，那就不合乎为人子女的道理了。

东西即使很小，也不要偷偷私藏起来。否则，一旦被发现，父母一定会非常伤心生气。

凡是父母喜欢的东西，一定要尽力替他们准备好；凡是父母讨厌的东西，一定要小心地处理掉。

【原文】

身有伤　贻亲忧　德有伤　贻亲羞

亲爱我　孝何难　亲憎我　孝方贤

亲有过　谏使更　怡吾色　柔吾声

谏不入　悦复谏　号泣随　挞无怨

【译文】

如果身体有所不适或受到损伤，就会让父母为我们担忧。如果在德行上有了缺欠，就会使父母感到丢脸。

父母亲喜欢我，做到孝顺并不难。父母亲不喜欢我，我还能用心尽孝，那才是难能可贵的！

如果父母有了过失，子女应当耐心地劝说使其改正。劝说时一定要和颜悦色，声音一定要柔和。

如果父母不肯接受劝说，就等到心情好时再劝。如果父母还是不听，要哭泣恳求，即使因此而遭到鞭打，也毫无怨言。

【原文】

亲有疾　药先尝　昼夜侍　不离床

丧三年　常悲咽　居处变　酒肉绝

丧尽礼　祭尽诚　事死者　如事生

【译文】

父母亲病了，吃的药自己要先尝一尝，看看是不是太苦、太烫，并且应日夜侍奉在他们的身边，不能离开一步。

父母亲去世后，要守丧三年，有孝心的，提起父母会难过哭泣，哀思父母养育之恩。居处要力求简朴，禁绝酒肉、情欲等事。

丧事要完全按照礼法去办，祭祀要完全出于诚心。对待去世的父母亲，要如同他们在世时一样。

三、出则悌

"出则悌"是学生主修的第二门课。"出"是指出门在外,"悌"是指兄弟关系。

【原文】

兄道友　弟道恭　兄弟睦　孝在中
财物轻　怨何生　言语忍　忿自泯
或饮食　或坐走　长者先　幼者后

【译文】

做哥哥的要爱护弟弟,做弟弟的要尊重哥哥。兄弟之间能够和睦相处,对父母的孝心也就包含其中了。

如果彼此都把财物看得轻一些,不贪图钱财,兄弟之间就不会有怨仇。说话时都能够互相忍让一点,多替对方着想,愤恨自然会消除。

在用餐、就座或行走时,都应该谦虚礼让、长幼有序,年长者优先,年幼者在后。

【原文】

长呼人　即代叫　人不在　己即到
称尊长　勿呼名　对尊长　勿见能
路遇长　疾趋揖　长无言　退恭立
骑下马　乘下车　过犹待　百步余

【译文】

听到年长者叫人时,应立即替他去叫。如果被叫的人不在,应立即到年长者那里去,看看有什么事情要做。

称呼尊长,不可以直接叫他们的名字。长辈见识多、阅历深,要多听他们说话,不要夸夸其谈,表现出很有才能的样子。

在路上遇到尊长时,要快步迎上去行礼问候。如果尊长一时没说什么,就要退在一旁恭恭敬敬地站立,等候指示。

遇到尊长时,骑马时要下马,乘车时要下车。等尊长走过百步以外,自己才能上马或上车离开。

【原文】

长者立　幼勿坐　长者坐　命乃坐
尊长前　声要低　低不闻　却非宜
进必趋　退必迟　问起对　视勿移
事诸父　如事父　事诸兄　如事兄

【译文】

假如长辈站着，晚辈就不可以坐下。长辈坐下以后，让你坐你才可以坐。

在尊长面前，说话声音要低一些。但若低到尊长听不清楚的程度，那也是不适宜的。

在见尊长时，要快步走上前去；告退时，要缓慢退出。长辈问话的时候，要站起来回答，眼睛看着长辈，不要东张西望。

对待自己的叔叔伯伯和他人的父辈时，应像对待自己的父亲一样；对待堂兄表兄和他人的兄长时，也应像对待自己的兄长一样。

四、谨

"谨"是学生主修的第三门课。"谨"是指行为上要谨慎。慎乃护身符。

【原文】

朝起早	夜眠迟	老易至	惜此时
晨必盥	兼漱口	便溺回	辄净手
冠必正	纽必结	袜与履	俱紧切

【译文】

清晨要早起，晚上要迟睡。人的一生很短暂，转眼间就从少年到了老年，所以每个人都要珍惜此刻的宝贵时光。

早晨起床后，一定要先洗脸刷牙，每次大小便后都要洗手。这种良好的卫生习惯应该在小时候就养成。

帽子一定要戴端正，衣服纽扣要扣好，袜子和鞋子要穿整齐，鞋带要系紧。

【原文】

置冠服	有定位	勿乱顿	致污秽
衣贵洁	不贵华	上循分	下称家
对饮食	勿拣择	食适可	勿过则
年方少	勿饮酒	饮酒醉	最为丑

【译文】

脱下来的衣服和帽子，要放置在一个固定的地方，不能到处乱丢，以免把衣帽弄脏。

穿衣服贵在整洁大方，而不在于华丽。不但要符合自己的身份，还要和自己的家庭条件相吻合。

对于食物，不要挑食，也不要偏食，偏食会营养不良；吃东西也要适可而止，不要过量，过量会损伤脾胃。

年轻的时候，千万不要喝酒。一旦喝醉了，就会丑态百出。

【原文】

步从容　立端正　揖深圆　拜恭敬

勿践阈　勿跛倚　勿箕踞　勿摇髀

缓揭帘　勿有声　宽转弯　勿触棱

执虚器　如执盈　入虚室　如有人

【译文】

走路时要不急不慢、从容大方，站立时身体要端正直立。作揖是要把身子躬下去，行礼时要恭恭敬敬。

进出门时，脚不要踩到门槛上，不要用一条腿支撑身体斜靠着。蹲坐时不要叉开两腿，更不要摇晃大腿。

进出门时，要缓慢地揭开门帘，尽量不要发出响声。走路拐弯时角度要大一些，不要碰着东西的棱角，以免造成不必要的伤害。

手里拿着空的器具，要像拿着装满东西的器具一样小心。走进没人的房间，要像进到有人的房间一样谨慎，不能乱走乱动。

【原文】

事勿忙　忙多错　勿畏难　勿轻略

斗闹场　绝勿近　邪僻事　绝勿问

将入门　问孰存　将上堂　声必扬

人问谁　对以名　吾与我　不分明

【译文】

做事情不能太匆忙，匆忙时最容易出现差错。不要害怕困难，应该知难而进，也不要马虎草率，即使是小事，也要认真对待。

凡是打架嬉闹的场合，一定要远离而不去接近。凡是不正当、不合情理的事情，一定要远离而不去过问。

准备进入别人家门时，应该先敲门，问一声有人在吗，主人允许后才能进入。将要走进厅堂时，声音要提高一些，以便让里面的人知道。

当里面的人问是谁时，要将自己的姓名告诉对方。如果只回答"是我"，那对方就弄不清楚你是谁了。

【原文】

用人物　须明求　倘不问　即为偷

借人物　及时还　后有急　借不难

【译文】

想要使用别人的东西时，必须当面向人家提出请求，以征得别人同意。假如不问一声就拿走，这就是偷盗。

借别人的东西，要在约定的时间内归还，拖延时间人家以后就不相信你了。别人向你借东西时，如果自己有，不可以吝啬不借。

五、信

"信"是学生们主修的第四门课。"信"是指要言而有信。人无信不立。

【原文】

凡出言　信为先　诈与妄　奚可焉

【译文】

凡是说出的话，首先要真实不虚、讲求信用。说谎话骗人、胡言乱语都是不可以的。

【原文】

话说多　不如少　惟其是　勿佞巧
奸巧语　秽污词　市井气　切戒之
见未真　勿轻言　知未的　勿轻传
事非宜　勿轻诺　苟轻诺　进退错

【译文】

说话多不如说话少，因为言多必失。说的话要恰当在理、符合实际，千万不要花言巧语。

虚伪狡诈、尖酸刻薄、下流肮脏的话，千万不能说。阿谀奉承等粗俗的市侩习气，要彻底戒除掉。

看到的事情没有弄清楚，不要随便乱说；听来的事情没有根据，不要随便乱传，以免造成不良后果。

对于自己认为不妥当的事情，不能随便答应别人。假如轻易许诺，就会进退两难。

【原文】

凡道字　重且舒　勿急疾　勿模糊
波说长　此说短　不关己　莫闲管
见人善　即思齐　纵去远　以渐跻

见人恶　即内省　有则改　无加警

【译文】

说话的时候，吐字要清楚、缓慢，不能讲得太快，也不能讲得含糊不清，使人家听不明白。

东家说长，西家说短，别人的是非很难弄清楚；与自己的事没有关系的，不要去多管。否则，不但搅乱了别人，也有损自己的德行。

看到了别人的善行，就要想到自己也应该努力去做到。即使和他差距很远，只要肯努力，渐渐也能赶上他。

看到了别人的恶行，要立刻反省自己。如果发现自己也有，就要马上改正；如果没有，也要引起警惕，防止自己犯同样的过错。

【原文】

唯德学　唯才艺　不如人　当自砺
若衣服　若饮食　不如人　勿生戚
闻过怒　闻誉乐　损友来　益友却
闻誉恐　闻过欣　直谅士　渐相亲

【译文】

做人最要紧的是自己的道德、学问、才能和技艺，这些方面不如人家，就要不断勉励自己，尽力赶上。

如果吃的、穿的不如人家，用不着忧愁悲伤。这不是什么不光彩的事，因为做人最重要的是品德修养。

听到别人说自己的过错就生气，听到别人称赞恭维自己就高兴，那么，有损德行的朋友就会来与你接近，对你有益的朋友就会和你远离。

听到别人赞美自己就感到惶恐不安，听到别人指出自己的过错就欢喜接受，经常这样做，那些正直诚实的人就逐渐与你亲近起来。

【原文】

无心非　名为错　有心非　名为恶
过能改　归于无　倘掩饰　增一辜

【译文】

如果是无意中做了错事，这叫"错"。如果是故意去做的，就叫"恶"。

有了过错，要能勇于面对，并彻底改正过来，这样别人还是把他当好人看；如果不肯承认，还极力掩饰，那就是错上加错了。

六、泛爱众

"泛爱众"是学生主修的第五门课。"泛爱"就是博爱，就是与朋友在一起相处，要讲平等博爱。爱人者，人恒爱之。

【原文】

凡是人　皆须爱　天同覆　地同载

【译文】

不论什么人，我们都要互相关心、爱护和尊敬，因为我们共同生活在同一片蓝天下，同一块土地上。

【原文】

行高者　名自高　人所重　非貌高

才大者　望自大　人所服　非言大

己有能　勿自私　人所能　勿轻訾

勿谄富　勿骄贫　勿厌故　勿喜新

【译文】

一个行为高尚的人，名声自然会高。因为人们敬重的是一个人的品行，而不是看他是否有一副好的相貌。

一个才学丰富的人，名望自然会大。因为人们所佩服的是有真才实学的人，而不是自吹自擂的人。

自己有才能，不要只想着为自己谋私利，也应当做些对社会大众有益的事。别人有才能，不要心生嫉妒，随便轻视、毁谤。

不要谄媚巴结富有的人，也不要对穷人傲慢无礼。不要厌弃过去的朋友，也不要只喜欢新结交的朋友。

【原文】

人不闲　勿事搅　人不安　勿话扰

人有短　切莫揭　人有私　切莫说

道人善　即是善　人知之　愈思勉

扬人恶　即是恶　疾之甚　祸且作

【译文】

当别人正忙着没空时，不要因自己有事去打搅。当别人身心不安时，不要跟人家说话而去打扰他。

别人有短处，千万不要到处宣扬。别人有隐私，绝对不能说出去。

称赞别人善行，本身就是一种美德。因为别人知道后，就会因此受到勉励而更加努力地去行善。

宣扬别人恶行，本身就是一种恶行。如果由于过分厌恶痛恨而一味地去宣扬，就会招来祸害。

【原文】

善相劝　德皆建　过不规　道两亏

凡取与　贵分晓　与宜多　取宜少

将加人　先问己　己不欲　即速已

恩欲报　怨欲忘　报怨短　报恩长

【译文】

朋友之间互相规过劝善，则彼此都能成就良好的德行。如果有错不能互相规劝，两个人在道德上就都会有缺陷。

拿人家东西和给人家东西，要分得清清楚楚。给人家的东西要多一点，拿人家的东西要少一点，这是人情来往的道理。

想让别人做一件事，首先要问一问自己愿不愿意做。如果自己都不愿意去做，应该马上停止让别人去做。

受人恩惠，要感恩在心、常记不忘，并时时想着报答；别人有对不起自己的事，过去就算了，不要老放在心上，应该宽大为怀，尽快把它忘掉。

【原文】

待婢仆　身贵端　虽贵端　慈而宽

势服人　心不然　理服人　方无言

【译文】

对待家里的佣人，最重要的是自身品行要端正。品行端正固然重要，对人还要仁慈宽厚。

用权势去压服别人，别人就会口服而心不服。用道理去说服别人，别人才会无话可说。

七、亲仁

"亲仁"是学生主修的第六门课。"亲"是亲近，"仁"是指有道德、有学问的人，"亲仁"即要亲近仁者。这是讲择师。

【原文】

同是人　类不齐　流俗众　仁者希

【译文】

同样在世为人，品行高低各不相同。跟着潮流走的普通俗人很多，而有仁德的人却很稀少。

【原文】

果仁者　人多畏　言不讳　色不媚

能亲仁　无限好　德日进　过日少

不亲仁　无限害　小人进　百事坏

【译文】

真正品行高尚的人，人们都心存敬畏。因为仁者说话时直言不讳，也不阿谀奉承。

能够亲近品德高尚的仁者，就会得到无限的好处。与仁者亲近，德行就会一天比一天增进，而过失就会一天比一天减少。

不亲近品德高尚的仁者，就会有无限的害处。这样一来小人就会乘机接近，很多事情都因此而不能成就。

八、余力学文

《弟子规》中的"余力学文"，是除了以上六门主修课以外，还有多余的时间和精力，就要好好学习六艺等其他有益的学问。这是辅修的课。

【原文】

不力行　但学文　长浮华　成何人

但力行　不学文　任己见　昧理真

读书法　有三到　心眼口　信皆要

方读此　勿慕彼　此未终　彼勿起

【译文】

如果所学的不实践力行，一味读死书，容易养成华而不实的习性，不能成为一个真正有用的人。

如果只晓得卖力去做，不肯读书学习，而固执于自己的见解，就不会明白道理的真假与否，这也是不对的。

读书的方法有三到：心到、眼到、口到。即心要记，眼要看，口要读，这三者确实都非常重要。

正在读着这本书时，不要去想着那本书。这本书还未读完，不要再去读另一本书。读书要用心专一，才有成就。

【原文】

宽为限　紧用功　工夫到　滞塞通
心有疑　随札记　就人问　求确义
房室清　墙壁净　几案洁　笔砚正
墨磨偏　心不端　字不敬　心先病

【译文】

不妨把学习的期限安排得宽裕一些，但在学习时要抓紧时间。只要功夫到了，不懂的地方自然就通达了。

读书时，如果心中有疑问，就要随时做笔记，以便向别人请教，求得准确的意义。

房间要收拾整齐，墙壁要保持干净。桌子要保持清洁，笔墨纸砚等文具要摆放端正。

如果您把墨磨偏了，说明心不在焉。如果字写得潦草、不工整，说明你浮躁不安，心没定下来，思想不集中。学习要专心致志。

【原文】

列典籍　有定处　读看毕　还原处
虽有急　卷束齐　有缺坏　就补之
非圣书　屏勿视　蔽聪明　坏心志
勿自暴　勿自弃　圣与贤　可驯致

【译文】

存列典籍，要有固定的地方；阅读完一本书，一定要放回原处，这样便于下次查找。

读书的人要爱惜书本。即使有急事不看书了，也要把书本整理好。发现书本有损坏，应当立即修补完整。

无益身心健康的书，应该避而不看，因为书里面不正当的内容会蒙蔽人们的智慧，败坏人们的心志，应该多读圣贤之书。

说话不讲道理叫"自暴"，做事胡作非为叫"自弃"，做人绝不可这样。一个人不能不知自爱，也不能甘于堕落。圣人和贤人境界虽高，都是可以通过循序渐进的努力修学而达到的。

读读说说

对照译文熟读《朱子家训》《弟子规》，体会中国传统礼仪文化，并和同学讨论文中的精髓。

港澳台地区及部分国家礼仪风俗

港澳台地区礼仪风俗

香港、澳门、台湾自古以来就是中国领土不可分割的一部分，是中华民族大家庭的一员。

一、香港

（一）概况

香港是中国通往世界的南大门，素有"东方之珠"的美称。总面积 1100 平方千米，人口约 709.76 万。鸦片战争以后，曾被英国强占，1997 年 7 月 1 日中国恢复对香港行使主权，并按照"一国两制"构想建立香港特别行政区。香港人主要信仰佛教、道教，居民特别崇拜天妃娘娘妈祖。此外，基督教新教、天主教和伊斯兰教也有众多信徒。

（二）习俗与礼仪

1. 礼貌礼节

注重个人隐私，朋友关系不管多好，都不侵犯别人的隐私。参加聚会实行 AA 制。最喜欢的数字是 3（谐音为"生"，寓意生财、生龙活虎）和 8（谐音为"发"，寓意发财、发达）。

2. 饮食礼仪

香港饮食中西合体，中式是粤菜、川菜、潮州菜等，西式是西餐、日本料理、韩国菜等，号称"美食之都"。香港居民对煲汤津津乐道，吃粥讲究，有喝早茶的习惯，嗜甜品，晚餐是正餐。

3. 节庆习俗

香港人地区有和内地相同的传统节日——元旦、清明、五一、端午、中秋等，也有自己独特的节日，如每年 6 月的香港国际龙舟节，在端午节后一至两星期内举行，每年都有 30 支海内外队伍参赛，地点在沙田城门河。

（三）禁忌

香港（尤其是上了年纪的人）忌讳很多，他们喜欢讨口彩，忌说不吉利的话。

1. 数字禁忌

香港人有喜"8"厌"4"的习惯。因为广东话中"4"与"死"同音。因此，人们避免使用"4"，送礼品也不送 4 种，在遇到非说"4"不可时，就用"两双"来代替。由于长期受西方的影响，外国人的一些禁忌，香港人也同样忌讳，如忌"13""星期五"等。

2. 交往禁忌

逢年过节，香港人习惯说"恭喜发财"，而不愿说"新年快乐"和"节日快乐"，因为"快乐"的谐音为"快落"。忌称老年妇女"伯母"（谐音"百无"）。

3. 饮食禁忌

在香港宴请时，客人要先等主人起筷才能进食。用膳时，手肘不能横抬，不能枕桌，不能"飞象过河"（取盘子中远处菜），不能"美人照镜"（将碟子取起倒菜），喝汤不要出声，餐毕碗中不要留食。喝酒吃菜时，不宜手不离筷。上鱼时鱼头要对着客人方向。吃鱼时不要翻转鱼身（有"翻船"之意）。

4. 行业禁忌

在店内不能看书（谐音"输"），忌第一个客人点炒饭（有"解雇"之意）。

5. 送礼禁忌

忌送钟（谐音"送终"），忌送书（谐音"输"），忌送剑兰、扶桑、茉莉和梅花（谐音"见难""服丧""没利""倒霉"）。

二、澳门

（一）概况

澳门位于珠江口西南，总面积为 25.4 平方千米，人口 55.23 万。澳门曾长期被葡萄牙强占，1999 年 12 月 20 日澳门顺利回到祖国怀抱，并建立澳门特别行政区。澳门人主要信仰佛教、道教和天主教等。

（二）习俗与礼仪

1. 礼貌礼节

澳门大部分居民原籍广东，故民俗基本上与广东居民相似。在交往礼仪上，与香港的社交礼仪基本相同。通行礼节为握手礼，也保留抱拳、鞠躬等中国传统礼节。有些澳门居民行合十礼，并口诵"阿弥陀佛"和行叩指礼。平时迎宾客一般喜欢去市场和茶肆或酒楼。澳门号称"东方的拉斯维加斯"，博彩业是澳门的支柱产业之一。在澳门，进入酒店要穿着整齐，不可穿短裤、休闲服。

2. 饮食礼仪

饮食方面，澳门"以中为主，中葡结合"，澳门人与珠江三角洲一带居民差别不大，其饮食礼俗也是中西混合。澳门拥有各种饭店 600 多家，出于传统习惯和节省时间考虑，澳门人早餐和午餐常用饮茶来代替。名曰饮茶，事实上，澳门喝茶总少不了各类点心和粥粉面饭。

3. 节庆习俗

与香港一样，澳门地区的节日与内地基本相同。谢灶是澳门保存下来的传统中国年俗之一，腊月二十三日送灶神。除夕之夜，守岁和逛花市是澳门人辞旧迎新的两件大事。守岁是打麻将，看电视，叙旧聊天，共享天伦之乐。由于澳门文化具有中西合璧特色，每逢传统节日，必定要举行相关的庆祝活动。

（三）禁忌

澳门人大部分原籍广东，故其习俗禁忌基本与广东居民相似。

作为博彩业非常发达的地区，澳门人都忌讳被骂好赌，不要说关于输的忌讳词。忌讳 13。要是 13 日碰巧又是星期五，人们会特别小心谨慎。

生日不得提前祝贺。习惯讲"恭喜发财"，而不愿说"新年快乐"和"节日快乐"。

在澳门，年龄、职业、婚姻状况、宗教信仰、个人收入都是隐私，相识或共事多年而不知对方底细是司空见惯的事。

三、台湾

（一）概况

台湾岛是中国的第一大岛，西隔台湾海峡与福建相望。台湾省总面积 36000 平方千米，人口 2316 万，居民以汉族为主，少数民族主要有高山族。1895 年，台湾岛被日本侵占，1945 年又重归中国版图。台湾同胞主要信仰佛教、道教、天主教和基督教新教。

（二）习俗与礼仪

1. 礼貌礼节

台湾人的生活习惯、民众风情、民间节庆与福建、广东地区基本相同，讲普通话、闽南话、客家话。讲究社交礼貌，无论见面、会友，还是交际、拜访，在举止言行方面特别注意尊重他人。台湾的高山族同胞，素以敬老互助而闻名于世。他们待人热情，感情真挚诚恳。在道德观念方面，最厌恶虚伪和狡诈。

2. 饮食礼仪

一日三餐，以大米为主食，嗜酒，喜用鸡鸭招待客人。

3. 节庆习俗

传统节日与大陆相同，最重要的节日依次有春节、元宵节、清明节、端午节、七夕节、中秋节、重阳节、冬至、送灶、除夕等。过节形式也和大陆相仿，如春节有走亲访友的拜年习俗，元宵节吃元宵、赛花灯、猜灯，端午节吃粽子、赛龙舟，中秋节赏月、吃月饼，重阳节登高远足，除夕阖家团圆等。其中，台湾民俗中最知名的景观为台南盐水镇的"蜂炮"、平溪十分村的"放天炮"和澎湖的"乞龟"等。3月23日前后是规模盛大的"妈祖祭"，7月整月的"盂兰会期"（各地轮流做普度）。而以祭祖为最重，以清明和除夕时的寻根念祖之气氛最为浓烈。

（三）禁忌

在台湾，忌用扇子赠人，因有送扇不相见的说法。忌用雨伞赠人，台湾话"伞"与"散"同音。忌用手巾赠人，手巾在台湾是给吊丧者的留念，意为让吊丧者与死者断绝往来，故有"送巾断根"之俗语。忌用刀剪赠人，刀剪是伤人的利器，含有"一刀两断""一剪两断"之意。忌用甜果、糕点赠人，甜果、糕点是民间逢年过节祭祖拜神之物，以甜果送人会使对方有不祥之感。忌用粽子送人，台湾居丧之家习惯包粽子，赠粽子会被误解为视对方为丧家。忌用鸭子送产妇，台湾有"七月胖鸭仔——不知死期"的歇后语。禁用镜子送人，镜子易打碎，破镜难圆。忌用钟送人，"钟"与"终"同音，会使人想到"送终"。

四、港澳台地区风俗共同点

港澳台同胞的饮食习惯基本上与祖国大陆居民相同。许多人回内地探亲访友、旅游观光时喜欢吃家乡饭菜、各种点心和各地传统风味小吃。港澳台同胞非常重视我国的传统文化，注重过传统的农历节日，如春节、端午节、中秋节等。过节时要祭神、祭祖，其形式、规矩讲究颇多。同时，由于受西方文化影响，许多人也过西方的一些节日，如圣诞节、情人节等。

亚洲部分国家礼仪习俗

一、日本

日本是个勤劳、智慧的民族，好胜心强，注重礼仪，在举止和语言方面讲究礼貌。日本人在自制力、纪律性和办事认真方面较为突出。

日本民族的节日有春节、端午节、中秋节、敬老节和文化节等。其中春节最隆重，时间在公历的元旦，春节来临，家家户户忙做年糕，若在春节吃不上年糕，会被认为太寒酸，毫无节日气氛。端午节也吃粽子。中秋节在日本被称为"月圆节"，一年过两次，分别在8月15日、9月13日。9月15日为敬老节，这一天人们都到退休的老人家中表示慰问，形成一种尊重老人的社会风尚。值得一提的是文化节，每年的11月3日，政府在这一天对知识分子进行慰问和授勋活动，以表彰知识分子在发展国家文化方面的贡献。

日本的礼仪闻名于世，在日常生活中，人们大多彬彬有礼，见面时互问"您好"。日本语言中有敬体和简体，凡对客人、长者和上级都要用敬语讲话。初次见面时要鞠躬，问候礼是30度，告别礼是45度。鞠躬要脱帽，眼睛向下，表示诚恳亲切。常用的寒暄语有"您早""您好""晚安""对不起""拜托您了""初次见面，请多关照""失陪了"等。特别一提的是：对日本男子一般不称"先生"，否则会令对方神态尴尬，因为在日本"先生"是对老师、医生、年长者、上级或者有特殊才能人的尊称。

日本人较注重服饰，一般场合不允许穿背心或赤脚。在正式场合大都穿礼服，男子穿成套的服装，尤其是深色的西装以示男子气。

在交往时，日本人不用香烟待客，抽烟而不敬烟。茶道是一种接待贵宾的特殊礼节。日本人喜欢饮乌龙茶，认为它是瘦身茶，可以解脂肪、助消化。

日本人的生活习惯与我国人民有许多相似之处，晚睡早起，喜欢整洁。

二、泰国

泰国被称为"僧侣的世界"，全国90%以上的人信奉佛教，佛教为其国教。泰国有佛寺2万多座，仅首都曼谷就有400多座。按照古老习俗，男子成年后必须削发为僧，出家一次，就连国王也不例外。

泰国人很讲礼貌，晚辈对长辈处处表示尊敬，并以双手在胸前合掌表示。晚辈在长辈面前走过要有歉意的表示，行合十礼。见面时，地位较低、年轻者应向对方先行合十礼，地位高者、老者还礼时，手不高过胸。合十礼的双掌举得越高，表示尊敬程度越深。

宋干节又叫"泼水节"，是泰国传统的新年，时间为每年的4月13日到15日，"宋干"在泰语中是"求雨"的意思，其节日的内容与缅甸的泼水节大同小异。宋干节的前一天，要做"浴佛"盛典。清晨，善男信女提着食物、鲜花、蜡烛到寺庙去祈祷，和尚用桃枝把浸着花瓣的香水洒在人们头上，然后把佛像从宝座上搬至院里，用香水淋洒佛像，以示涤除邪恶、祈求吉祥。浴佛后，民间开始相互拜年和泼水祝福，被人泼水愈多愈高兴。

水灯节在公历11月，当夜幕降临时，身穿节日盛装的男女老幼涌到大江长河两岸。人们把水灯点燃后，虔诚地举过头，轻轻放在水面同时跪下，双手合十，目送水灯缓缓漂去，以感谢河神造福，庆祝丰收。

泰国人的婚礼要由德高望重的僧人来主持。泰国人视头颅为智慧所在，是高贵的，不可随便触摸，用手摸小孩的头被认为是极大的侮辱。拍打肩背的亲热举止也会引人反感。泰国人忌讳睡觉时面向西，因日落西方，象征死亡。不允许用红笔签字，因为人死了以后才用红笔将其姓氏写在棺木上。泰国华人较多，并且可以与泰国人通婚，因此泰国人许多生活习惯、风俗人情都与我国相近。

三、韩国

韩国社交礼仪。在社交礼仪上，韩国一般不采用握手作为见面礼节。在晚辈、下属与长辈、上级握手时，后者伸出手来之后，前者须先以右手握手，随手再将自己左手轻置于后者的右手之上。在韩国，一般情况下，妇女不和男子握手，以点头或是鞠躬作为常见礼仪。在称呼上多使用敬语和尊称，很少会直接称呼对方的名字。

韩国人喜欢吃辣和酸。主食主要是米饭、冷面。菜肴有泡菜、烤牛肉、烧狗肉、人参鸡等等。总体来说，韩国菜品种不是太多，而且其中的绝大多数都比较清淡。一般来说，韩国男子的酒量都不错，对烧酒、清酒、啤酒往往来者不拒，妇女则多不饮酒。平日，韩国人大都喝茶、咖啡。但是，韩国人通常不喝稀粥，不喜欢喝清汤。韩国人一般不喜欢吃过油、过腻、过甜的东西，不吃鸭子、羊肉和肥猪肉。吃饭时，一般用筷子。与长辈吃饭时不许先动筷子，不可以用筷子对别人指指点点，用餐完毕后要将筷子整齐放在餐桌上。吃饭时，不宜高谈阔论。吃东西时，嘴巴响声太大，也是非常失礼的。在韩国人的家里宴请时，宾主一般都是围坐在一张矮腿方桌周围，盘腿席地而坐。在这种情况下，切勿用手摸脚，伸直双腿或是双腿叉开，都是不允许的。

韩国人珍爱白色。忌讳的数字是 4 和 13。韩国人的民族自尊心很强，反对崇洋媚外，倡导使用国货。在赠送礼品时，最好选择鲜花、酒类和工艺品，最好不要选择日本货。

韩国有男尊女卑的讲究，进入房间时，女人不可以走在男人的前面，女人须帮助男人脱下外套。坐下时，女人要主动坐在男子的后面。不可以在男子面前高声谈论。

四、新加坡

新加坡人多信奉佛教，也有信奉伊斯兰教、印度教和基督教的。新加坡华人占其总人口的 70% 以上。与新加坡人见面后一般不要说"恭喜发财"，他们认为"发财"二字含有"横财"之意。

新加坡人十分讲究礼仪，待人处世彬彬有礼。在社交场合，新加坡人与他人的见面礼节多为握手礼。由于新加坡政府注重保护各民族的传统，新加坡的礼仪与习俗也呈现了多元化的特点。新加坡多华人，因此在语言、文字、习俗方面都保留有中国古代遗风，如两人见面时要相互作揖，通常见面礼节是轻轻鞠躬或握手。佛教徒在与客人相见时惯以双手合十为礼，客人也应以双手合十还礼，以示相互尊敬。由于受英国影响，新加坡人在很大程度上已经西化，所以他们的待人接物方面也有西方的礼俗。人们见面和分手时都要握手。他们的礼貌口号是"真诚微笑"，生活信条是"人人讲礼貌，生活更美好"。新加坡人时间观念较强，认为准时赴约是对客人的尊重和礼貌。

在政务活动和商务交往中，新加坡人着装比较郑重：男子一般要穿长袖衬衫和深色西裤，打领带；女子穿深色套装或长裙。对外交往中，新加坡人大多按照国际惯例要穿深色西装或套裙。新加坡人崇尚清爽卫生，对于蓬头垢面、衣冠不整、胡子拉碴的人，大都会侧目而视。

五、印度

印度是个历史悠久的文明古国，两千多年前，中印两国就有经济和文化往来。印度居民中，84%信奉印度教，11%信奉伊斯兰教。印度教亦称新婆罗门教，其教义是主张善恶有因果、人生有轮回之说，认为人和一切有生命的东西都有灵魂，躯体死后灵魂还可以在另一个躯壳中复活。一个人转世的形态取决于他本人在现世的行为，取决于信奉该教的虔诚程度。

印度教徒把黄牛奉若神明，按其教规，牛是神，称为"圣牛"，每年还举行一次敬牛节。因此，在印度虽然牛的总头数约占全世界的1/4，但却不耕田，而是在田野、城市中自由自在地生活。牛奶是圣洁之物，只有印度教徒才能挤奶。

印度的节日甚多，每年达60天左右，全国性的节日有共和日（国庆节，1月26日）、独立日（8月15日）、甘地诞辰（10月2日），印度教约有20多个节日。印度人讲究卫生，每日沐浴已成为生活习惯。他们认为在浴缸里洗澡不清洁，喜欢淋浴。

非洲部分国家礼仪习俗

非洲一些民族还保持着集体劳动的传统，爱好音乐，善于舞蹈，他们喜欢自由活动。非洲人一般食量较大，喜欢香且辛辣的食物。

埃及人性格内向、敏感，他们往往以幽默的心情应付严酷的现实生活，他们正直，宽容且好客。埃及人在吃饭时一般不许交谈，他们认为浪费食物尤其是"耶素"（埃及面包）是对神的冒犯行为。他们饮红茶或咖啡，禁忌饮酒。埃及人大多信奉伊斯兰教，在斋日，信徒们遵守绝食的教规，必须等日落后才开始进食。阿拉伯人信奉伊斯兰教，他们不食猪肉，不用猪鬃、猪皮制品，羊肉是他们的主要肉食。

北美洲部分国家礼仪习俗

北美洲主要讲美国。美国现有 2 亿多人口，其中 80% 以上是白人，华侨近 50 万人。居民中，30% 信基督教，21% 信奉天主教。宗教节日主要是圣诞节、复活节，还有感恩节。感恩节在每年 11 月的第 4 个星期四。

美国人比较浪漫，他们喜欢新奇，重实利，自由平等观念较强。美国人与欧洲人一样，见面时一般施鞠躬礼、点头礼、举手礼、注目礼、握手礼、接吻礼或吻手礼。同英国人相比是不太拘于礼节的。谈话时喜欢用手势表达，如手指指向胸表示"我"，大拇指向上表示一个人或一件好事，而大拇指向下则表示"坏"或"差"。与美国人谈话要保持一定距离，约 50 厘米。美国人见面时常常直呼对方名字，许多人感到"太太""先生""小姐"的称呼太客套了。分手时即使在社交场合也不会跟每个人都告别，只是向大家挥挥手，说一声："好了，我们再见吧！"

欧洲部分国家礼仪习俗

欧洲是世界经济较发达的地区。由于自然条件、历史传统、社会制度和宗教信仰的不同，欧洲各国的生活、风俗习惯有不少差异，以下只就英、法、德、意等国的情况作简要介绍。

一、英国、法国

英国人大多信奉基督教，崇尚绅士风度，不苟言笑，遵守信义，讲究礼貌。日常生活也非常注意庄重的仪表和谨慎的态度。他们不愿别人干扰个人生活，若见面时问："先生，您到哪儿去？"他们会认为你没有礼貌。英国人忌讳用人像作为商品装饰。在谈话时忌讳提到"厕所"二字，往往用"我去洗手间""请原谅我几分钟"等来代替。他们很尊重女性，走路时，让女士走在前边，进门时也让女士先进，斟酒时也首先照顾女宾。

法国人大多信奉天主教。一般性格爽朗、热情，喜欢与人交谈，处事乐观，爱好音乐、舞蹈。他们的衣着比较讲究。法国人爱花，他们到亲朋好友家去做客时总不忘记送上一束鲜花。

二、德国、意大利

德国人大多信奉基督教或天主教。德国人勤勉、矜持，有朝气、守纪律、好清洁、爱音乐。他们每天一般起得较早，七点左右大街上人来人往，食品店、水果店、小吃店、菜市场都开始营业。德国人注重购置家具、布置家庭以及衣着方面的享受。平时也较节俭，但一年一度的外出旅行是舍得享受的。

意大利人朴素、豪迈、爽朗、乐观，爱好音乐、艺术，生活艺术化。

三、俄罗斯

俄罗斯人性格开朗豪放，喜欢说笑，组织性、纪律性很强，喜欢统一行动，讲礼貌，见面时总要问好，但见面时要称呼对方的名字和姓，光称呼姓是不礼貌的。言谈中离不开"对不起""请""谢谢"等词。人们外出时都衣着整洁，在公共场所，尤其是电影院，从来没有人大声喧哗，更见不到随地吐痰、乱扔纸屑等现象。在电车上，即使男士先上了车，也是站在车厢里而把座位留给后上车的老人、妇女和儿童。

与俄罗斯人交往切忌询问女士的年龄，初次见面时不要主动问对方什么，也不要主动谈自己的事。

参考文献

［1］王景华，邹本杰．礼仪修养［M］．北京：北京师范大学出版社，2010．

［2］姜钧．礼仪知识大全集［M］．南昌：百花洲文艺出版社，2011．

［3］金正昆．现代礼仪［M］．北京：北京师范大学出版社，2006．

［4］孙彗竹．礼仪规范教程［M］．天津：南开大学出版社，2009．

［5］张宇平．基层干部礼仪与公关［M］．济南：山东人民出版社，2017．

［6］吴宝华，张杨莉．礼貌礼节［M］．北京：高等教育出版社，2012．

［7］张宇平．演讲与口才［M］．北京：中央广播电视大学出版社，2015．

［8］蒋乃平．职业生涯规划［M］．北京：高等教育出版社，2013．